# 汽车设计教学现场

王选政　吴梓荣　主编

中国建筑工业出版社

**图书在版编目（CIP）数据**

汽车设计教学现场／王选政，吴梓荣主编. —北京：中国建筑工业出版社，2013.8

ISBN 978-7-112-15605-4

Ⅰ. ①汽… Ⅱ. ①王… ②吴… Ⅲ. ①汽车－设计 Ⅳ. ①U462

中国版本图书馆CIP数据核字（2013）第159386号

责任编辑：陈　皓
版式设计：锋　尚
责任校对：张　颖　陈晶晶

**主　　编**：王选政　吴梓荣
**编　　委**：李　禹　刘　勇　栾寅征　罗先国　沈诗琳　王　楠
吴永平　徐　彤　薛　刚　张所家　庄光明

**汽车设计教学现场**
**王选政 吴梓荣　主编**

*

中国建筑工业出版社出版、发行（北京西郊百万庄）
各地新华书店、建筑书店经销
北京锋尚制版有限公司制版
北京顺诚彩色印刷有限公司印刷

*

开本：889×1194毫米　1/20　印张：8⅖　字数：200千字
2013年10月第一版　2013年10月第一次印刷
定价：62.00元
ISBN 978-7-112-15605-4
（23033）

# 序

“中国汽车设计新秀班”由中央美术学院与中国一汽集团合作主办，已经举办了四期，这既出于应对培养中国汽车设计师的急迫需求，也是我们设计教学产学研密切结合的一种方式。中国第一汽车集团作为新中国的第一个汽车企业，与中国艺术与设计教育的最高学府中央美术学院合作培养中国汽车设计师应该是顺理成章的。一个是“国车长子”，长期以来支持汽车设计教育；一个是正在大力发展交通工具设计教育，在不同层面上肩负着发展提升中国汽车产业的使命。

新秀班的课程中既有资深汽车设计专家授课，为学生带来最新行业信息、设计经验，也有著名学者为学生教授中国文化类课程，力图在相对较短的上课时间里对学生进行多方面的提升，实现我们快速培养中国汽车设计优秀人才的目标。这本书记载了新秀班的一些课程，希望没有机会参与新秀班的设计师与学生可以从中得到一些启发。

中国是世界最大的汽车制造国，最大的汽车市场，期待有一天我们的汽车设计师成为世界最优秀的。这需要我们大家的努力！

中央美术学院设计学院院长

王敏

# Contents 目录

# 由四个汽车设计工作坊构成的教学尝试

作为一名设计教师，通常情况下笔者不太喜欢用大篇幅的文章来阐述关于设计及其相关问题，过多的文字堆砌实在不适合这个实践性非常强的领域。即使对于只有用长篇文章才能将事情说清楚的情形，笔者也总是尝试用简单的方式来表述。所以在这本书中，笔者想简单明了地告诉读者关于“中国汽车设计新秀班”这次汽车设计教学尝试的来龙去脉，让每个读者了解我们为什么要做这件事情以及怎样来做的这件事情。同时，为了让读者尽可能地感受到设计教学的现场感，大量的文字与图像内容被放在了后续的章节中，去阐述四个非常棒的汽车设计教学工作坊。当然，其中也会包含一些笔者对于中国汽车设计教育的思考。

## 1．源起

中国第一汽车集团被称作“国车长子”，作为新中国的第一个汽车企业，一汽集团长期以来热心于对中国汽车设计教育的关注。由一汽集团出资主办的“中国汽车设计大赛”已经连续举办了四届，参与者几乎覆盖了全国绝大多数高校的设计类专业，可以说这项赛事见证了汽车设计教育在中国从无到有的过程，也为行业发掘了不少优秀的设计人才。中央美术学院设计学院的相关师资力量一直为这项赛事的举办和运行提供了专业方面的咨询。赛事运行的具体执行者罗先国先生曾经有过在高校任教的经历，对于设计教育也有着自己独到的见解，笔者在与之关于设计教育的交流中经常擦出火花。对于“中国汽车设计大赛”规模不断扩大、影响力日盛的发展形势，我们认为赛事对中国汽车设计教育的促进作用是毋庸置疑的，而在此基础上如何继续保持并放大这种作用才是当务之急。出于这个目的，中国汽车设计新秀班的创想产生了。模式非常简单：通过“中国汽车设计大赛”从国内高校中选拔出优秀学生，邀请国际一线汽车设计大师来华，为这些学生进行飞行集训式的工作坊授课。目的也非常简单：业界最优秀的师资力量为国内优秀的生源进行专业的汽车设计教育培训，以此为汽车产业输送优秀的设计人才，并在这个过程中探索和实验汽车设计教育在国内的办学模式。同样，这种想法也得到了中央美术学院设计学院的强力支持。

## 2．愿景

期望“中国汽车设计新秀班”成为中国汽车设计教育领域的“黄埔军校”。黄埔军校开创了中国军队的正规化建制历史。接近一个世纪后的今天，我们期望以“中国汽车设计新秀班”为平台，拉开系统培养中国职业汽车设计师的序幕，并为汽车设计教育模式的探索贡献力量。

## 3. 模式

中国汽车设计新秀班采用产学合作的办学模式：由中央美术学院与中国一汽集团合作主办。其中，中央美术学院承担合作中的学术任务和教学管理任务，而一汽集团则承担合作中的运行任务以及对学生和部分师资的资金支持。中央美术学院设计学院设计研究所负责了中国汽车设计新秀班具体的课程设计、师资组织、教学和教学管理工作；一汽集团委托北京新势整合传播机构负责运行管理和日常事务联络协调的工作。

中央美术学院院长潘功凯教授与一汽集团总裁徐建一先生在“中国汽车设计新秀班”开班仪式上共同为新秀班揭幕。

这种合作模式区别于汽车设计教学中常见的企业为院校提供赞助资金来完成课题设计的模式，而是着眼于以院校为学术和教学主导的模式，实现汽车行业对于院校设计教育的诉求。我们期望以中国汽车新秀班的模式为模板，让更多的汽车企业找寻到与院校对接的渠道方式，能够从院校中获取人才以及自己所需要的课题研究成果，促进国内汽车设计教育真正的产学合作，使双方达到共赢的目的。

## 4. 授课对象

中国汽车设计新秀班的授课对象包括了三部分的生源：通过“中国汽车设计大赛”从国内高校中选拔出的学生自然成为中国汽车设计新秀班的授课对象；中央美术学院设计学院作为课程设计者、师资组织者和教学管理者，相关专业的学生也会参与到课程中来；中国汽车设计新秀班也邀请了一汽集团研发中心派出一定数量的设计师参与到课程之中，此举是期望职业设计师和在校学生共同组成的学习团队可以在思维方式和工作方法上形成良性的互动。

## 5. 课程设置

中国汽车设计新秀班的课程分为三类：工作坊课程、人文课程，以及商业、艺术调研课程。工作坊课程由一线汽车设计大师担任授课教授，讲授汽车设计内容，工作坊课程是这次教学尝试的主体课程；人文课程由文化学者、设计理论家担任授课教授，提升学生的人文素养；商业、艺术调研课程则由商业设计机构、艺术家工作室的主持者担任指导教师，让学生感受真实的商业设计运作和艺术经营活动。人文课程和商业、艺术调研课程是对工作坊课程的补充。

新秀班的学生们对于来自一线的汽车设计师们所带来的专业知识的渴求溢于言表。

基于授课对象采用的是飞行集训的方式，对于中国汽车设计新秀班的主体课程设置，笔者制定了两个原则：第一，每次集训的工作坊在课程内容上要有独立性，并能覆盖汽车设计教育不同层面的内容；第二，保证每个独立的工作坊集训单元之间尽可能形成关联，最终形成一套完整的、递进的汽车设计教学活动。所以，最终确定的四次工作坊集训的主题分别是：

工作坊一：汽车设计基础；

工作坊二：汽车设计研究；

工作坊三：汽车设计思维；

工作坊四：汽车设计方法与流程。

四个工作坊首先由最基础的草图技能培训开始，随后的课程则让学生去关注如何完成设计研究并将研究成果转化为自己设计的支撑，进而了解职业设计师对于汽车及其设计的思维方式，并最终完成一个流程完整的快速课题设计和尝试从中掌握汽车设计的方法与流程。兼顾基础技能和汽车设计方法与流程的教学内容，对于短期的工作坊课程来说，确实难以周全安排。这四个工作坊的主题尽量去涵盖本科教育阶段学生所应当接触到的汽车设计技能与知识内容。虽然没有足够的时间以长期的学期课题方式让学生去演练上述教学内容，但笔者还是希望以此模拟的“压缩版”教学进程，能够给学生带来对汽车设计的正确认识，起码是开始建立正确的工作方法。能够直接接受不同品牌背景的一线职业汽车设计师的教育，对于学生而言，没有比这更好的了解汽车设计的方式了，其效果甚至更胜于单一品牌设计师入校的教学活动。针对生源和师资的实际情况，与担任每段工作坊的教授分别沟通后，上述四个课题得到了最终确认。

另一个问题是，用几个汉字对每段课程主题进行准确的表达是一个有难度的工作。比如布雷教授担纲的工作坊的主题是“汽车设计研究”，我希望其对应的是汽车设计流程中“Research”部分的工作内容，所以“研究”并不一定可以准确地表达工作坊所关注的内容。这就需要通过与授课教授进行协商，请他们在授课过程中有所侧重，以达到教学目的。而授课的教授团队，也都给出了他们的意见和主张，这对于课程设置而言是格外重要的。

每期中国汽车设计新秀班的集训过程中，均有与之并行的“人文课程”和“商业、艺术调研课程”同时展开。因为汽车设计教学绝不仅仅是进行技能培训就足够了的，如同汽车设计的内容也不单纯是草图绘制与模型制作一样，技能只是这个行业的入门门槛，设计师的内在素养才决定其在未来能够达到的设计高度。所以，这两门课程设置的意图非常简单：期望从中国汽车设计新秀班走出去的学生不要变成汽车设计行业中的“技术工人”，而是成为有大脑和视野的职业设计师。这两门课程也陆续邀请了文学家、设计总监、设计理论家、艺术家、设计经营者、营销人员、杂志主编等人员进行授课。课程内容并不一定直接与汽车设计关联，而是结合授课者自己的专业范围展开，为学生提供不同方向的“泛设计”信息。

| | 工作坊一：<br>汽车设计基础 | 工作坊二：<br>汽车设计研究 | 工作坊三：<br>汽车设计思维 | 工作坊四：<br>汽车设计方法与流程 |
|---|---|---|---|---|
| 工作坊导师课程 | 关于汽车设计草图基础技能和形态研究的工作坊 | 来自梅赛德斯—奔驰的观点：“中国的机遇”工作坊 | 邦格的汽车设计观：关于汽车设计思维的工作坊 | 与奥迪一起工作：“My Mobility”工作坊 |
| | 导师：理查德·佩塔斯卡 | 导师：奥列佛·布雷 | 导师：克里斯·邦格 | 导师：奥迪北京设计团队 |
| | 美国帕萨迪纳艺术中心设计学院交通工具系教授 | 梅赛德斯—奔驰中国高级设计中心副总裁 | 邦格咨询总裁、前宝马设计总监 | |
| 人文课程 | 工业时代的汽车文化（一） | 工业时代的汽车文化（二） | 日本美学与设计 | 体悟美学：由平淡面向深远的拓展 |
| | 主讲：阿城 | 主讲：阿城 | 主讲：许平 | 主讲：许平 |
| | 著名文学大家 | 著名文学大家 | 中央美术学院教授、研究生处处长、博士生导师 | 中央美术学院教授、研究生处处长、博士生导师 |
| 商业、艺术调研 | I.A.T 阿尔特（中国）汽车技术有限公司 | LKK 洛可可设计公司 | 吴永平工作室 | 中央美术学院美术馆<br>北京长城华冠汽车科技有限公司 |
| | 指导：陈群一 | 指导：贾伟 | 指导：吴永平 | 指导：翁云鹏<br>单德伟 |
| | I.A.T 设计总监 | LKK 洛可可设计公司总裁 | 中央美术学院设计学院 12 工作室导师、副教授、著名艺术家 | 著名艺术家<br>长城华冠设计总监 |
| 设计课题 | 概念车设计定位 | 概念车设计提案与草图提交 | 概念车数模设计与模型制作 | 概念车方案设计发布 |
| | 指导教师：王选政 | | | |

## 6. 设计课题

在中国汽车设计新秀班开班伊始，经与一汽集团研发中心沟通后，我们为学生提供了两个可选择的设计课题："为20年后的中国而设计的家用轿车"和"为20年后的中国而设计的商用车"。学生开始设计并提交方案后，以比稿的方式进行竞争，获胜的团队将会获得将方案模型化，并于次年上海国际车展一汽集团展区展出的奖励。最终由来自中央美术学院、北京工业大学和北京信息科技大学的五位学生共同组成的团队所完成的"E-QI"概念车胜出，并于上海车展发布。

"设计课题"的设置有三个目的：首先，是让学生将与一线汽车设计大师共同工作、学习过程中获得的相关知识和技能通过"设计课题"得到应用，激发他们的学习热情；其次，期望学生可以体验到职业设计师的竞争意识；最后，也是最重要的一点，"设计课题"是一个模拟全流程汽车设计过程的长期课题，可以对短期的集训教学形成合理的补充。

## 7. 师资

对于师资的选择，是按照课程设置的需要来进行的。一个重要的选择标准是必须来自服务于汽车设计（包括汽车设计教育）一线的、知名品牌的设计师（或者教授）。当然，如果具有行业内的影响力那将是非常完美的。在这个原则下，笔者在全球范围内展开了联络，并划定了备选名单保持继续沟通，以确定其时间计划是否能够进行课程以及能够承担工作坊课程内容。最终确定了如下的工作坊课程师资：

由来自美国帕萨迪纳艺术中心设计学院（Art Center College of Design in Pasadena）的理查德·佩塔斯卡（Richard Pietruska）教授进行"关于汽车设计草图

基础技能和形态研究的工作坊”；

由来自奔驰中国高级设计中心的奥列佛·布雷（Olivier Boulay）副总裁进行“来自梅赛德斯—奔驰的观点：‘中国的机遇’汽车设计工作坊”；

由前宝马设计总监克里斯·邦格（Chris Bangle）进行“邦格的汽车设计观：关于汽车设计思维的工作坊”；

由奥迪北京设计团队进行“与奥迪一起工作：‘My Mobility’汽车设计工作坊”。

前宝马设计总监邦格先生与新秀班教务主管中央美术学院设计学院王选政老师。

联络过程中，多位知名的汽车设计大师表达出了对于这次在中国进行的汽车设计教学尝试的兴趣，但遗憾的是因为时间等原因无法参与其中。像意大利的汽车设计大师乔治亚罗先生，当时忙于大众对其公司的整合事宜，因此无法成行。但从各位知名设计师的反馈来看，中国的汽车设计教育对他们充满了吸引力，相信未来他们将会出现在国内设计教育的舞台上。在此还要特别感谢参与教学的各位教授和他们所属的公司，没有他们的无私奉献，也就不会有这次教学实验的完整呈现。

## 8. 运行

敲定了课程设置和师资安排之后，中国汽车设计新秀班拉开了帷幕。新秀班的日常事务运行则由罗先国先生带领的北京新势整合传播机构的一支专业团队负责，他们以极其专业的操作方式完成了包括开学典礼、课程、调研、模型制作展示以及结业典礼在内的所有事务性管理工作，保证了所有课程的顺利进行。对此，笔者认为这也是产学合作在国内的重要模式尝试：通过专业服务机构的平台，运用他们服务于企业的经验，达成院校的学术目的和企业投入的协调。

## 9. 评价

作为一次汽车设计教学尝试，应当说中国汽车设计新秀班在以产学合作的方式进行汽车设计教育、汽车设计大师工作坊授课的教学内容和新秀班的教学管理模式三个方面具有标本意义，对当下中国的汽车产业和设计教育行业提供了合作的可能性参考。在此基础上，如何继续尝试深化教育与产业的合作，打造以院校为平台、服务行业的汽车教育体系，将成为中国汽车设计新秀班所承启的重要课题。

从中国汽车设计新秀班结业的学生，虽然很多人在自己的母校接受的是非专业的交通工具设计教育（诸如多名学生的教育背景为工业设计和室内设计），但经过四个工作坊课程的洗礼，已初步具备了汽车设计师的素质。有多名学生在结业后进入包括奥迪汽车、一汽集团和长城华冠等国内外知名车企以及专业汽车设计机构工作，这就是对新秀班教学成果的最好评价。

正如中央美术学院院长潘公凯先生在中国汽车设计新秀班的开班仪式上所言："这是教育领域校企合作的一个典范。作为国内首屈一指的汽车厂商和美术教育机构，中国一汽与中央美术学院的合作必然会给中国汽车设计教育注入强大的动力。今天的学生们还是一块块璞玉，我们用一年的时间来精雕细琢，把它们打造成器。我们的目标就是要为中国培养自己的汽车设计大师。"作为教师，我们也期待着中国汽车设计大师的早日出现。

## 10. 感悟

在中国汽车设计新秀班中，笔者作为教务主管承担了课程设计、师资组织以及部分的教学任务。有幸能够与一线的汽车设计师们一起工作，去见证新秀班学生的成长，也因此收获颇多。对于汽车设计以及汽车设计教育的认知等同于经历了一场观感颇佳的旅程，产生了重要的影响。

首先应该阐述的一点是：汽车设计教育必须不能是职业技能培训。毋庸置疑，汽车设计要有坚实的技能作为支撑基础，这也是汽车设计与其他设计学科之间的外在差异所在。注重基础技能培训将学生带入汽车设计的入门门槛是必要的，同时也是非常容易实现的。但如果将此作为教育的全部内容，那就进入了极大的误区，而这也是目前国内汽车设计教学正在面临的问题。在本书的写作过程中，笔者正好在德国弗茨海姆大学设计学院（Hochschule Pforzheim）汽车设计专业访问，这个学院的汽车设计专业为业界输送了大量优秀人才，甚至在美国、英国的同类院校出现衰退趋势的时候，仍然保持了强大的教学质量和人才输送能力。很重要的原因之一，就是弗茨海姆采用了非“技能培养”方式来教育汽车设计师。该校本科生从入学到毕业至少需要七个学期，其中第一个学期完全是由与汽车设计无直接关联的课程构成，对于所谓“技能”则只有在第二学期专门安排了课程，剩下的五个学期则由课题项目和实习构成，并且补充有并行的、泛设计的课程内容。在与该校教授的交流中，他们也反复强调在其教学过程中，要求学生小到草图风格、大到设计思路必须要不同于他人，保持自己的独特性。至于草图绘制、模型制作等技能训练环节也是溶解在课题中进行，每个学生从这里毕业的时候，已经完成了“身”、“心”两方面成为职业汽车设计师的准备。国内汽车设计教育起步虽晚，关注基础技能训练的同时，我们要做的仍是对未来的汽车设计师进行“全面”的教育。

另一个需要着重阐述的观点是：汽车设计教学必须与产业协作。“闭门造车”是中国早有的成语，用其来警示汽车设计教学是非常合适的，如果没有与产业的合作，

工作坊现场。

汽车设计教育是无法成立的，这也是汽车设计教育所必需的硬性条件。汽车设计不同于其他任何设计领域的一个特点就是其面对产业的唯一性，将职业设计师和来自产业的课题导入院校的教学平台是非常必要的，也是汽车设计专业教师应该承担的工作内容之一。如果没有来自产业的支持，那汽车设计教学只能是“闭门造车”了。欧美已经形成了流畅的产学对接渠道，而国内在这方面尚有欠缺。汽车产业为院校提供研究课题和教学师资是汽车设计产学合作的基本模式，在国内汽车产业快速发展的背景下，更深度的合作模式——比如校企合作办学，也是具有可行性的。

设计教育目前正面临背景条件剧烈变革的影响，主要体现在两个方面：一是来自以云技术、物联网和三维打印技术为主要代表的所谓“新产业革命”的影响；二是来自以中国自有品牌复兴为代表的自有设计被认同的趋势影响。这两个变革的交叉也将对设计教育产生“教学内容”与“本土文脉”两方面的重要反思。

毫无疑问的是，“新产业革命”将降低设计的技术门槛，使得人人可以参与设计，每个人只要拥有自己的想法即可成为过去有着技术门槛的“设计师”；“新产业革命”也将使为传统产业服务而产生的设计的工作方法和内容发生剧烈变化，直至改变设计教育的版图。可以预见，除部分基于传统应用艺术的学科将按照既有的传承化的轨迹发展外，现有设计专业的边界将被彻底打破，甚至某些专业的现有教学内容将在未来几年内快速消亡，进而产生新的教学领域（原有的教学“专业”概念已不适合表达这种新的教学形态）。汽车设计教学虽然有着与产业唯一对接的特点，存在所谓的行业特殊性，但也将受到这种变迁的强烈冲击。从近景来看，对于教学过程中的基础技能教育，将会更加容易地被学生借助技术手段所接受，而对设计思维的教育将变得更加重要和具有挑战性。如同邦格在课程中所言：“设计过程中的一切皆可压缩，唯有思维的过程无法改变和缩短。”从远景来看，汽车设计教育必须要思考在新的产业革命背景下的交通工具“再定义”问题，也就是当基于新技术观和新伦理观的全新交通生活模式诞生后，汽车和汽车设计将以何种方式存在。教师应当更多地关注如何通过教学活动组织，使学生能够全方位地转换成设计师的模式进行工作和创造。尤其在知识扁平化、碎片化的时代，通过系统的教学组织塑造学生对“隐性知识”的学习能力，才是教学的重点。

中国自有品牌复兴的例子近年开始显现，这些现象的实质是30年前被发达国家成熟商业设计吸引的中国人，出于内心对传统和文化的本能需求，重拾对经过30年学习的本土设计的认同，以及对“本土文脉”思想在设计和产业中的应用反思。这种认同在汽车领域的标志性表现就是跨国车企在设计阶段对于中国的重视，纷纷在中国开设设计中心，以期寻找到适应中国的设计。如此的观念变迁对于国内汽车设计教育而言，需要教师去衡量教学模式是仅仅复制西方体系还是在复制基础上尝试去优化。现代设计尤其是汽车设计教育源自西方，并形成了体系，国内的汽车设计教学在起步时复制这种体系是必需的，唯有这样才能建立起正确的教学模式，找到正确的教学方向。但如果只是一味复制的话，那必然永远处于跟随和模仿的地位。目前国内的优势是汽车产业高速发展而带来的全球聚焦，这将为中国汽车设计教育提供极其丰富的教学资源（不仅仅是资金资源），中国院校将史无前例地获得大量的产学合作课题，而在运用大量的课题去研究符合中国需求（除了市场需求，更重要的是文化需求和生活方式需求）的设计过程中，就存在着拉平西方汽车设计教育水准的机会，最终会找到适合自己的教学方式。

结合中国学制的设置情况，笔者心目中完美的汽车设计课程体系最好是依托于美术类院校或者综合性的、人文文化氛围强烈的院校而设置。在四年的八个学期中，前两个学期应当由院校教师完成引导性的课程，使学生建立起对于汽车和汽车设计的初步认知并具备相应的技能；最后两个学期应当让学生进入汽车企业或者设计机构实习并完成毕业设计；而中间的四个学期是非常重要的，应当由院校教师与来自产业的设计师共同主导完成若干课题设计项目，课题应当具有大跨度的覆盖性：既有基于企业生产进行的前瞻性概念设计，也有对于交通工具概念本身进行的思考性研究项目。在这样的课程体系中，将技能教学分散于项目课题中、将职业设计师请进教学现场、将学生送入职业设计体系中和引导学生进行主动思考是四个非常重要的前提条件。与此同时，所依托院校的其他学科领域为学生开设并行的课程，使学生学会跳出汽车设计思维之外去进行思考。教师在四年教学周期中，一方面要引导每个学生追求个体的唯一性，而不是教师去追求学生团队的唯一性；另一方面，要启发学生在技术发展加速度越来越快的背景下，思考对于交通生活模式的再定义和设计问题。当然能够这样做的一个重要前提就是适当地控制汽车设计教育专业的规模。

## 11．寄语

中国汽车设计新秀班包含了这样几个关键数字：1年时间、3位设计大师、1支设计团队、4个设计现场和40名学生。对笔者而言，最重要的数字则是“1”：一次教育实验。无论尝试结果如何，笔者期望能够为起步中的中国汽车设计教育提供研究案例，也期望继续能够不断地有类似的产学合作项目出现在中国汽车设计的教育现场中。

# 工作坊一：汽车设计基础

## 关于汽车设计草图基础技能和形态研究的工作坊

**地　　点：** 北京中央美术学院设计学院教学楼四层多功能教学空间

**关 键 词：** 汽车设计　基础　技能　草图

**参训人员：** 来自全国各高校的第三届中国汽车设计大赛获奖者、中国一汽技术中心设计师以及中央美术学院设计学院相关专业学生

位于中央美术学院设计学院四楼公共教学空间中的工作坊现场，良好的工作氛围对于汽车设计教育来说是非常重要的。通常，我们要求学生以站姿在专用的草图工作台上完成草图绘制，以保证透视的准确性和肢体在绘图过程中最大程度的放松。

**授课教授：理查德·佩塔斯卡（Richard Pietruska）教授**

理查德·佩塔斯卡教授，艺术家与设计师，是汽车美术协会（AFAS）最新一批成员之一。他在美国帕萨迪纳艺术中心设计学院（Art Center College of Design in Pasadena，以下简称 ACCD）交通工具设计系及工业设计系任教已 30 多年。培育很多美国、日本等世界各地的顶尖交通工具设计师。他在高中时代就赢得 Fisher Body Craftsman 协会的比赛，其奖学金支持他在 ACCD 学习交通工具设计。在 ACCD 学习期间获得交通工具设计学士学位及艺术设计硕士学位。

## 1. 工作坊综述

首期中国汽车设计新秀班的工作坊集训由来自美国帕萨迪纳艺术中心设计学院交通工具设计系的理查德·佩塔斯卡教授担纲主讲。

ACCD1930年成立，位于加利福尼亚州洛杉矶地区的帕萨迪纳。ACCD致力于培养以视觉艺术为职业目标的从业者和艺术家，其汽车设计专业则是在全球享有盛名的设计教育高等学府。这里为全世界的汽车产业贡献了大量的优秀人才，我们所熟

理查德·佩塔斯卡教授在进行现场的授课和示范，主要内容集中在草图表现的透视、构图、内容、阴影和反射等方面的技巧，所使用的工具则包含了马克笔、彩色铅笔、色粉等汽车设计常用工具。

知的宝马前设计总监克里斯·班戈（Chris Bangle）、前意大利宾西法里纳公司设计师奥山清行（Ken Okuyama）和好莱坞著名导演迈克尔·贝（Michael Bay）均毕业于ACCD。ACCD教学的特点在于通过大量的技能基础训练，使学生在毕业时具备高超的汽车设计技能和知识，这也是ACCD吸引全球学子和汽车企业的关键所在，更是ACCD赖以生存的教学特点。ACCD与众多知名汽车企业有着合作关系，同时企业也是学生研究项目的主要赞助者。

正如在他的简历中所介绍的，理查德教授已经在ACCD任教近30年，并且长期教授汽车设计和工业设计的基础课程，因此他具有丰富的技能教学经验。而在ACCD，理查德教授除了为在校学生授课外，还为ACCD的“夜校”（Night School）授课。这个所谓“夜校”的主要教育培养对象，是由正在申请和准备申请ACCD的学生构成的。因此，我们邀请了理查德教授来主持这次的工作坊，其任务就是为所有学员开宗明义：向新秀班的同学们传授汽车设计所需求的基本技能与技法，同时针对每一个学生进行技能评估，在此基础上量身定制学习方法，为后续的系列课程奠定基础。作为

ACCD 的汽车设计教学的场景，通常教室内能够让人体会到未来汽车设计师们的充满激情的学习状态。

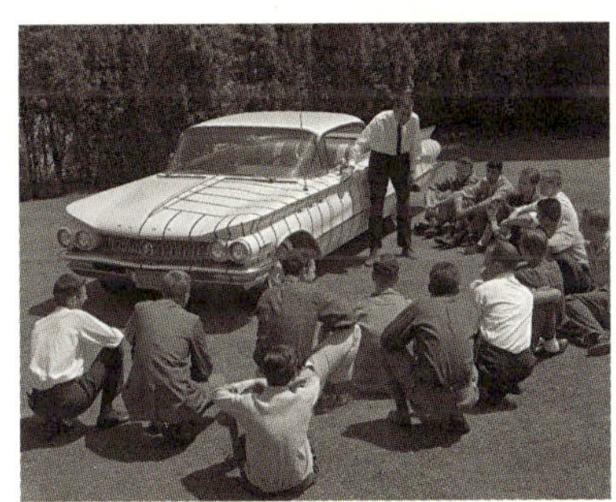

1960 年代，斯特罗瑟·麦克明（Strother MacMinn）在进行关于切面线（section line）的现场教学。作为具有悠久传统的院校，ACCD 关于汽车设计的很多经典课程并没有随着时间的进程而消逝，相反很多有效的基础课程被不断地优化使用。

ACCD 的校园场景。

新秀班的教务主管，笔者始终认为坚实的技能基础是让学生跨入汽车设计行业的门槛，抛开技能训练的汽车设计教育则是无根之木。三天的时间不可能解决学生所有的技能基础问题，它的目的就是让参训学生建立起如何认知技能在汽车设计中所占有的地位与作用，并从理查德教授长期的教学经验中，找到如何避免技能学习走进误区的方法，更重要的是避免产生基本技能是汽车设计全部内容的错误观念。

工作坊由三天构成。按照工作计划，在第一天上午，理查德教授与所有学员见面，进行简单的自我介绍后，由学生将带来的草图作品进行展示，教授将根据每个学生的作品情况来定制有针对性的学习计划。接下来的两天半时间则是进行手绘基本形体、产品和汽车草图训练的环节。理查德教授在课程介绍中特意强调：本次工作坊所侧重的并不仅仅是教会学生手绘技法，而是要通过技法培训的过程，使学生明白如何运用工具将自己的创意和想法在纸面上进行完美表达，并能够以此为基础与他人进行有效沟通。这正是我们在设计课程时所期望的：向学生传递正确的基础技能观。

理查德·佩塔斯卡教授展示ACCD“夜校”的学生作品，这些作品存在着诸多的技巧问题，但却表现出了学生的热情。

## 2. 理查德·佩塔斯卡教授提供的工作坊概述文件

VISUAL COMMUNICATION AND FORM DEVELOPMENT WORKSHOP
关于汽车设计草图基础技能和形态研究的工作坊
CAFA, Beijing
中央美术学院，北京

This workshop is designed to help develop the drawing and sketching skills of The TD&ID students. It will deal with a variety of sketching techniques that are simple and quick, making it easier for them to communicate their concepts and ideas in a simple yet efficient manner. These techniques hopefully might add some flair to different levels of their design presentations.

本次的工作坊是为了汽车设计与工业设计专业学生的草图技能提升而设计的。学生将从中获得简单快捷的表现方式来与他人有效沟通自己的创意与想法。这些技法也将为学生不同层级的设计发布增色。

The workshop will cover many different aspects of Visual Communication but mainly in a two dimension format not digitally, although the concepts are basically the same in either media.

工作坊将涵盖视觉表现的不同因素，但主要集中在传统的手绘方式，当然也包括采用其他手段进行的同样概念的表现。

Students will be asked to bring in examples of some of their work for a quick review so I can judge the most effective way to work on improving their sketching and ideating skills.

学生将被要求带来若干自己的作品并展示，教授将依此进行判断并为学生提供最有效的方法来提升其草图技巧和想象能力。

There are many ways to improve students' ability to draw. We will start with some simple exercises to help loosen up the hand and arm as well as relaxing the mind. We will cover some basic modeling concepts and work up to more complicated forms. These exercises will help give the students a stronger foundation in perspective, composition, value and shading, craftsmanship, how to use graphics more effectively and other ways to explore their creativity on paper.

提升学生绘图能力的方法多种多样，我们将从一些简单的练习开始，去帮助他们放松自己的双手，同时也是在放松他们的精神。我们将示范绘制一些简单的几何形体模型并且逐步转向复杂的形态。这些练习将给学生奠定在透视、构图、内容、阴影、工艺等方面的坚实基础，教会他们如何有效地运用画图以及其他方式在纸面上释放他们的创造力。

A strong basic technique will be stressed over flashy styles but there will be opportunities to experiment with other ones as well. We will work with different types of paper, various pencils and markers and colored chalks.

非常华丽的表现风格将是本次工作坊所重视和强调的，但学生同样也有机会去尝试其他的表现风格。

We will start with some simple products and shapes and work on more complex subjects as the workshop continues. Good line weight and accent lines also add character to any sketch. We will talk about the importance of detailing and the correct perspective for the types of product that we are designing.

我们将从简单的产品与形体绘制开始，随着工作坊的进程，不断增强表现对象的难度。对于我们正在设计的产品，对不同线型的把握和对于产品细节以及正确的透视的把握都是非常重要的。

We can explore all kinds of subject matter from small hand held products to various types of vehicles to high rise buildings. In each case there will be form related exercises to help the student develop a new and more creative form and design language.

从掌上产品到汽车，甚至大到摩天大楼都将是本次工作坊的研究对象，在每个案例中我们都会让学生将自己所描绘的形态与练习紧密联系，以帮助他们创造出更新的、更具创造力的形态和设计语言。

## 3. 关于铅笔的发散思维训练

在完成自我介绍后，理查德教授提出了第一个问题，他问所有的学生为什么要牺牲掉周末时间聚集在这里？对于这个问题，中国学生很难直接给出答案。所以接下来，理查德教授开诚布公地进行了回答：他希望来这里的所有人真正是出于兴趣而来的，因为没有对汽车设计的热爱，是无法承受大量而枯燥的基

础草图训练的。其实在这个问答过程中，暴露出了中国学生出于民族性格原因而固有的特色：羞涩于语言沟通。而在理查德教授看来，语言沟通同样也是设计师重要的基础技能之一。因此，他临时布置了一个关于笔的发散思维训练，英文叫做“Pencil of Perpetual”，笔者把它翻译为“无极之笔”。在这个训练中，理查德教授要求每个学生去思考笔对于汽车设计师的重要性，以及出于对笔这个重要工具的尊重，每个人会选择或者营造出什么样的场景来存放自己的笔，表达出对于笔的膜拜。每个学生在完成自己想法后，会在第二天早上进行发布：对其他学生介绍自己的膜拜方式。这个训练引起了学生们的一阵小骚动，确实，在第二天我们也见到了一些有意思的表达。重要的是，学生在这个过程中开始乐于主动表达自己的想法，提高了后续课程的效果。

“我的想法是希望画画是能够不断提高的，它需要每天去练习，就像我养一个植物要每天浇水一样。我需要培养我的画画能力，所以我就把铅笔当做一个植物养起来，每天画画就如同浇水一样，让我的草图水平能够茁壮成长。”（下左图）

“我制作了一个像箭的笔，材料全是吃过的饼干的盒子，我希望我们的设计师应该利用环保材料，对社会体现出责任感。‘箭’与‘剑’谐音，我在这里设计的笔的抽插方式也与剑类似，而剑对于武士是不可缺少的，笔对设计师也一样。”（下右图）

"我把它做成哑铃，它给我力量，让我对设计充满了好奇心，还有很多支撑的动力，所以做了这样一个东西。"（上左图）

"因为条件有限，我想成把笔做成戴在身上的项链，赋予笔崇拜的意味，就像宗教崇拜中信徒可以佩戴观音像、十字架一样。"（上右图）

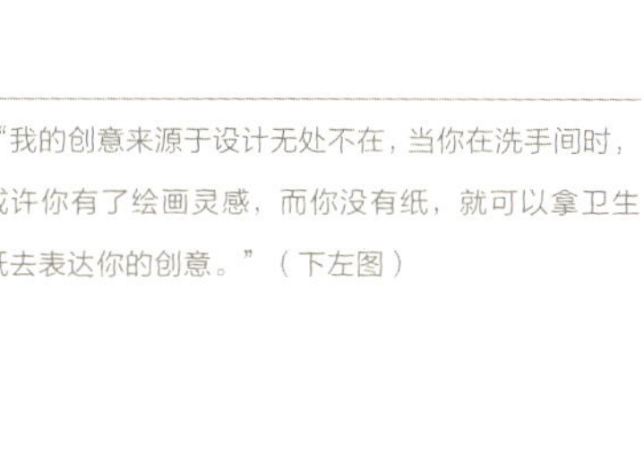

"我的创意来源于设计无处不在，当你在洗手间时，或许你有了绘画灵感，而你没有纸，就可以拿卫生纸去表达你的创意。"（下左图）

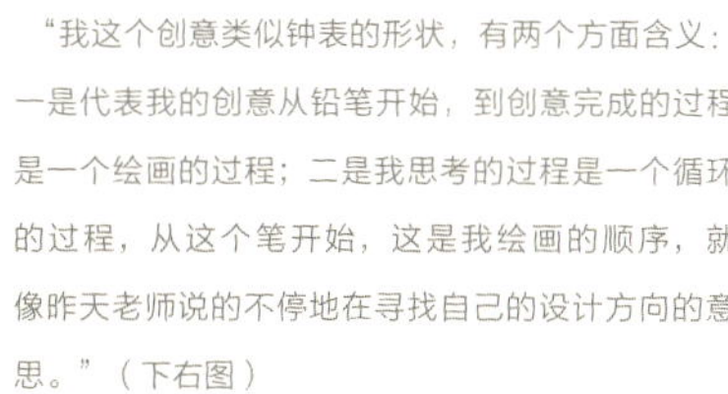

"我这个创意类似钟表的形状，有两个方面含义：一是代表我的创意从铅笔开始，到创意完成的过程是一个绘画的过程；二是我思考的过程是一个循环的过程，从这个笔开始，这是我绘画的顺序，就像昨天老师说的不停地在寻找自己的设计方向的意思。"（下右图）

“这个手机以前放的图片是我女朋友的照片，现在变成了这支笔，两个都是我的最爱，以后每天当我打开手机时可以提醒自己我是一个设计师，我需要不断地创意、画图。”（上左图）

“这是一个地球仪，这支笔代表我们很多中国汽车人，希望用我们手里这支笔共同努力撼动这个世界，使其更美丽。”（上右图）

“大家好，这是我的作品，我之所以让它以这个状态定位在这里，就是一种书写的状态，告诫自己，在自己想懒惰的时候看看这支笔，它处于不断运动的状态。”（下左图）

“不知道大家有没有发现我的笔在哪里？是的，在这儿（头发里），我是想因为我是设计师，我们要帮助身边的人。我们设计功能、设计形态，对这支笔来说我们也可以赋予它功能，它可以给大家带来另外一个形式上的感觉，而且它有新的功能。我想用它的时候可以随时取下来，我取下来就可以作图。我想给它一个功能，就是能放在我的头发上，这就是我对我们设计的认识，就是我们设计生活、设计形态，也可以把所拥有的东西融入到自己当中。”（下右图）

"我想通过我的构思来说明手绘是很重要的。基本上手绘都是以铅笔绘图开始的，我还会做一个比这个更大的笔筒，插上这支笔。我相信设计师每用完一支铅笔时都会有或多或少的收获，我想把用过的每一支铅笔都放在一个格子上，当我看到这个格子没有填满时就会鼓励我去画更多的图，提高技能。"（上左图）

"大家好，这是我的作品，教授先生帮我拿着笔。我不想赋予这支笔什么特殊的意义，但我就想仅以此记住这次生动的工作坊。"（上右图）

"这是三面镜子，我的笔放在中间这里，笔作为一个产品，我单独看可能只能看到它的一面，但如果放在这样的环境中，其他所有面我都能看清楚。比如我的手使用它或者拿它的时候，我不能看见另外一面我的手是怎么和它接触的，就如同我的设计，也许我只能看见它某一面，但放在这样的环境当中，我可以看清笔的其他面，也就是期望提醒自己认识到我的设计有哪些其他方面。"（下左图）

"我做这个场景是想笔能在纸上有一个很好的草图或方案，但在美丽草图的背后，可能需要成箱的铅笔作为训练材料，当然还有制造笔的木头等。所以，一张好草图的呈现，它的背后其实有太多的故事需要我们关注。"（下右图）

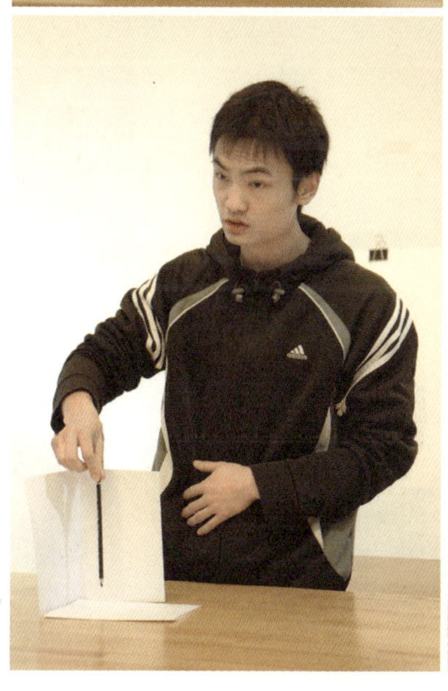

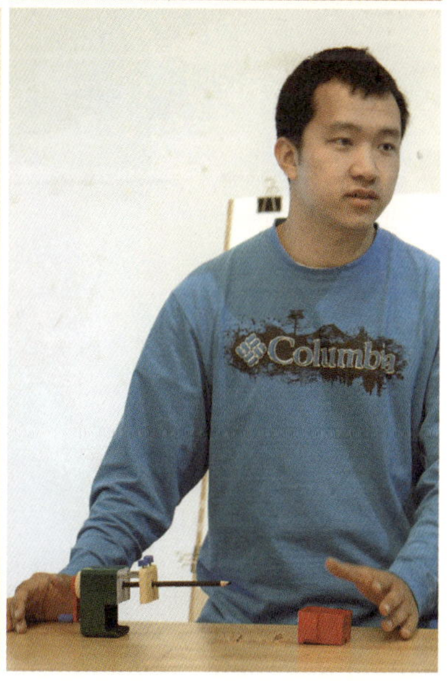

## 4. 手感训练

按照工作坊的工作计划，接下来每个学生以极快的速度展示了自己的作品，而理查德教授则进行了点评，然后布置所有的学生用铅笔在一张铺开的长筒卷纸上属于自己的区域内绘制最基础的圆和直线草图。这个简单的任务有两个目的：第一，以此来判定参与工作坊学生的技能基础处于何种水准；第二，让学生在训练开始前放松自己的手臂，快速寻找到手感。此外，理查德教授还让学生进行了小产品的表现，也是热身工作的组成内容。

在学生完成了绘制直线与圆的训练之后，理查德教授下达了第二个任务：选择你认为具有速度感的图片，然后以铅笔绘制带有速度感的、流畅的有机形

工作坊由最简单的线与圆的表现开始，让学生逐步找到手感，教授则可以以此来判定学生的技能水准。

手感训练的具体表现内容：快速绘制圆与直线。

学生间的相互交流也非常重要，彼此可以借鉴好的技法与经验。从世界范围内来看，汽车设计教育的工作室，基本上都是打通年级界限，将所有学生聚集在同一空间内训练的，目的当然是为了便于互相交流。很多时候，高年级的学生往往成为了低年级学生的“教师”。

态草图。通过前期的手感寻找训练，学生很容易地进入到了良好的草图绘制状态。与此同时，理查德教授开始增加一对一的辅导时间。

能力判断、手感寻找、有机形态绘制，环环递进的训练构成了工作坊的第一个环节。判定学生能力状况并因材施教的方式对于汽车设计教育来说异常重要，汽车设计教学也应该是用带有师承色彩的、小规模的、精耕细作的方式来进行。

流畅的、带有速度感的有机形态草图绘制。这种形态绘制的训练一方面可以强化学生的草图基础，另一方面也可以让学生对汽车形态产生初步的认知。

## 5. 透视、明暗关系、投影的表现

根据学生的能力状况，理查德教授在接下来的课程中，以示范绘图和辅导的方式展开教学。他首先提出了关于设计中处理形态的三条原则：第一条是“Form follows Function”，即包豪斯时代提出的“形式追随功能”原则；第二条是“Form follows Emotion”，即曲面大师卢吉·科拉尼（Luigi Colani）提出的“形式追随情感”原则；第三条则是“Form follows Fantasy”，即理查德教授自己提出的“形式追随幻想”的原则。他认为这三条原则也是草图表现应该遵循的，同时又强调对于汽车设计师而言，他认为自己的“形式追随幻想”原则十分重要。汽车草图就是用来帮助创造出具有梦幻色彩的形态。

理查德教授以立方体为例讲授透视原理。

理查德教授讲解了关于透视的基本知识，包括一点透视、两点透视和三点透视原理，以及如何通过制图方式在透视中准确表现体量。他以简单的几何形体和简化后的汽车几何形体为例进行了示范。他说，准确的透视是汽车草图表现的基础。在这个过程中，他也强调了投影、明暗关系和反射对于汽车草图绘制的重要性，这三者都是草图能准确表达形态的重要手段。

理查德教授通过板书强调“形式追随幻想”原则。

理查德教授亲自示范讲解。先以立方体为例讲授透视、明暗关系和投影的表现，进而将汽车形态几何式简化后讲解上述关系的表现。

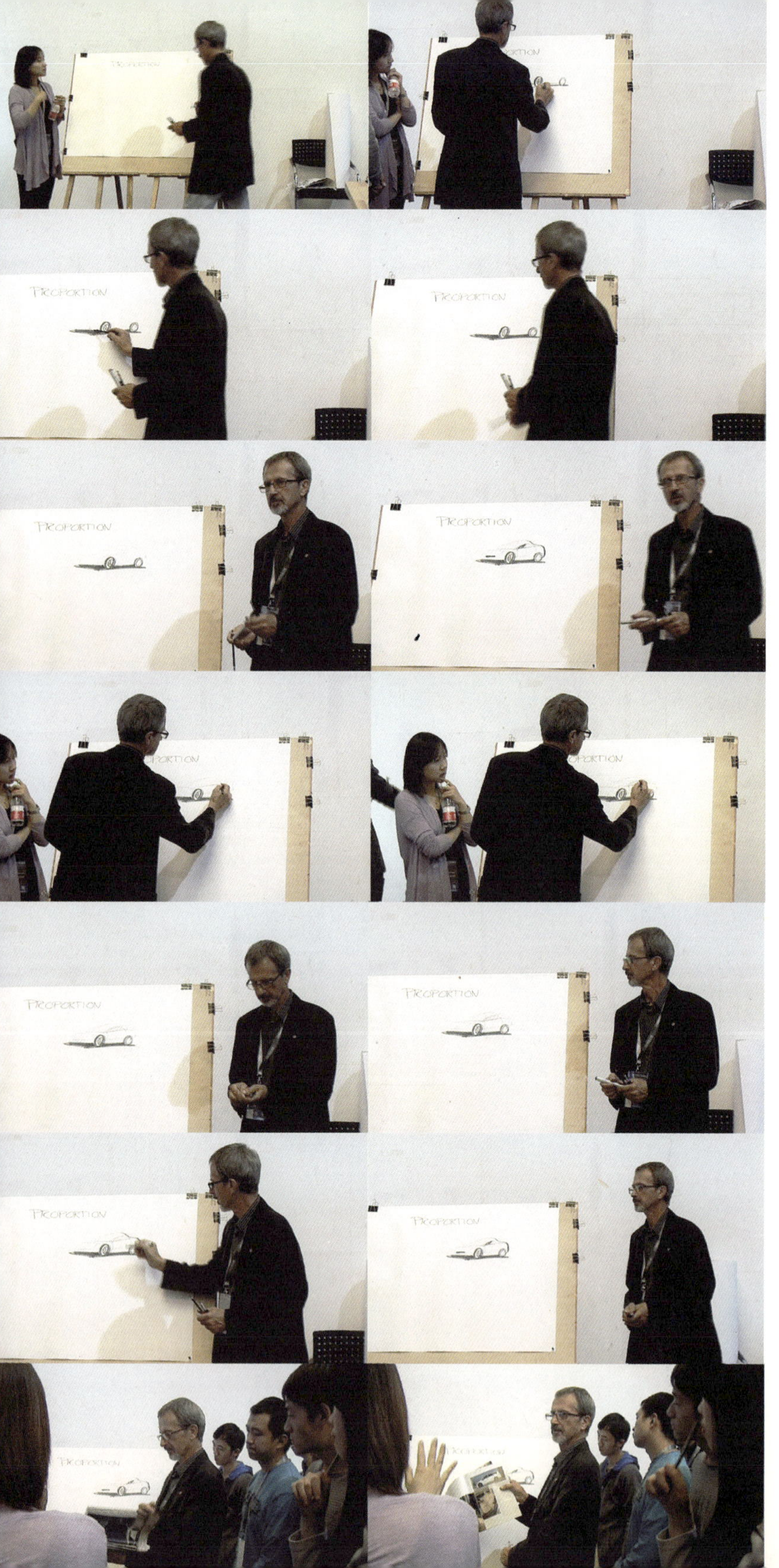


## 6. 汽车草图训练

完成由基本形态训练向汽车几何体讲解的过渡后，理查德教授着重进行的示范是：如何掌握汽车草图表现中的形态比例关系。为了让所有学生能够形成对于汽车比例的理解，理查德教授布置的训练任务是汽车侧视图草图绘制。尽管因车型不同导致车身形态比例也不尽相同，但通过这个过程，学生还是初步形成了对于汽车设计中非常关键的“比例”（Proportion）认知。

借助不同的线型在透视中来准确表达车身比例关系，对于汽车设计师而言是一种挑战。

汽车草图绘制环节中一个十分有意思的训练：教授要求学生进行汽车侧视图的绘制，但每个学生只能画 30 秒，然后接着别人的图继续画，如此循环直至最终草图完成。

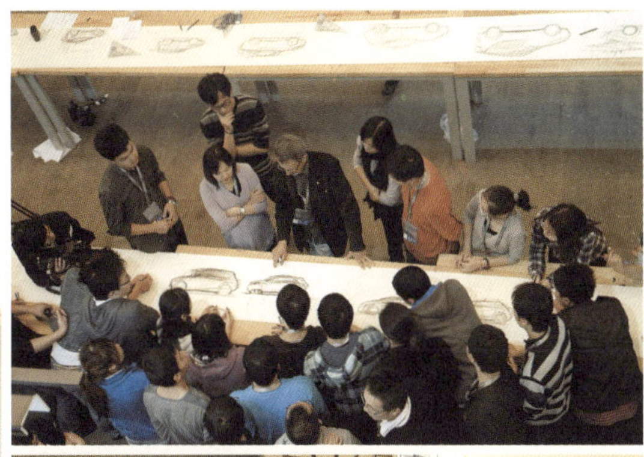

为了更高效地完成工作坊的训练内容，理查德教授在接下来的训练中要求每个学员选择两张自己喜欢的汽车前、后45度角透视图片，并以此为蓝图绘制带有轮子、底盘和阴影的A3透视草图，然后将其各复印20张作为底图使用，学生可以直接在底图上绘制自己所期望表现的汽车形态。这种教学方式在底图绘制透视准确的前提下，学生完成20张左右的草图训练量后，就基本可以对于汽车草图的正确透视产生手感。目前，车厂的一线设计师在进行草图绘制时，也采取了与此类似的方式——蒙底图绘图。我们说汽车设计教育与产业必须紧密联系，即使是在最基础的技能教育层面也表现得淋漓尽致。

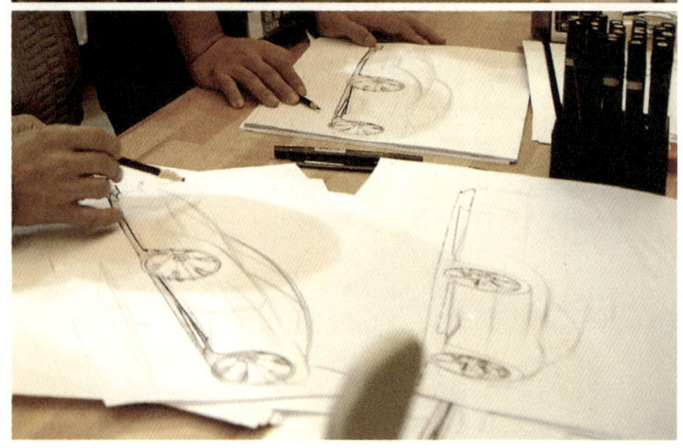

切面线（section line）的重要性是理查德教授在工作坊中反复强调的要点。在复印的底图上绘制草图的环节中，他要求学生们要注意运用切面线进行形态表现。所谓切面线就如同造船中的龙骨一样，顺序排列支撑起整个形态。在草图绘制中，运用切面线可以准确地表达形态，还可以检验透视是否正确。

笔者在教学中曾将草图的线型归纳为三种：造型线、辅助线和分缝线。其中造型线为所表现形态的形态轮廓线；辅助线即理查德教授所说的切面线；分缝线则是形态自身固有的块面结合产生的缝隙线。只要将上述三种线型合理应用，即可将形态准确表达，而不会落入草图看上去华丽却对设计无用的尴尬境地。

切面线是一种辅助线型，能够帮助设计师准确地将形态呈现于纸面，更重要的是，可以帮助设计师准确地将二维绘图转化为三维实体。理查德教授在这次示范中，着重讲授了如何在不同的坐标轴面进行切面线绘制。

切面线也是保证二维图所表现的形态准确转向三维实体形态的辅助工具。事实上，切面线的线型正是汽车油泥模型制作阶段所用到的形态检测卡板的线型来源。当然，此次工作坊课程并没有涉及这个方面的内容，但切面线对于草图绘制而言，无疑是异常重要的。

## 7. 风格表现训练

帅气，通常是普通人看到汽车草图的第一印象，甚至有人觉得不“帅气”的草图就根本不是汽车草图。虽然这种认知是有偏差的，但却说明了流畅绚丽的风格对于汽车草图表现的重要性。面对当下汽车产业甚至被划归到“时尚圈”的时代，风格化的汽车设计草图就更加重要了。

本次工作坊最后的环节，理查德教授安排的就是针对草图风格化的训练。他要求学生运用色粉，去表现抽象的、具有飘渺感和动感的形面。虽然没有要求表现具体的汽车形态，学生反而更加容易体会到汽车设计中形态表现和绘图风格之间的关系。当

结合工具特性进行的风格表现训练。

这些表现出来的草图被要求加入车体结构后，学生们惊喜地发现，原来他们在描绘的已然是形面优美的车辆。由此学生们也可以真正地体会“风格”对于设计的作用所在。

学生给其所绘制的草图加入了车辆底盘与轮胎的结构，由此产生了美妙的车体形面结构，这也是该环节训练的妙处所在。

## 8．课程总结

短短三天的课程汇集的所有训练都围绕汽车设计草图的基本技能展开。如同本次工作坊的题目“汽车设计基础”所直白表达的那样：学生从课程中得到的训练均是为日后的设计实战而奠定基础。同时，亦如理查德教授提出的“形态追随幻想”设计原则所表述的，他在这次集训中所教授的技能将成为学生创造新设计的翅膀，而不仅仅是为了画图而画图。

理查德教授对于中国学生的学习兴趣表示了赞赏，也对中国汽车设计的发展趋势表示了惊讶。他说："我在ACCD执教交通工具30余年，深刻感受汽车带给美国的巨大变化，而现在这种巨变正在中国发生，我们每天都可以感受到。"其实这种变化，也正是我们期望通过汽车设计新秀班的平台来邀请优秀的师资进入中国，开设工作坊课程的初衷所在。

学生作业（作者：郭柯）

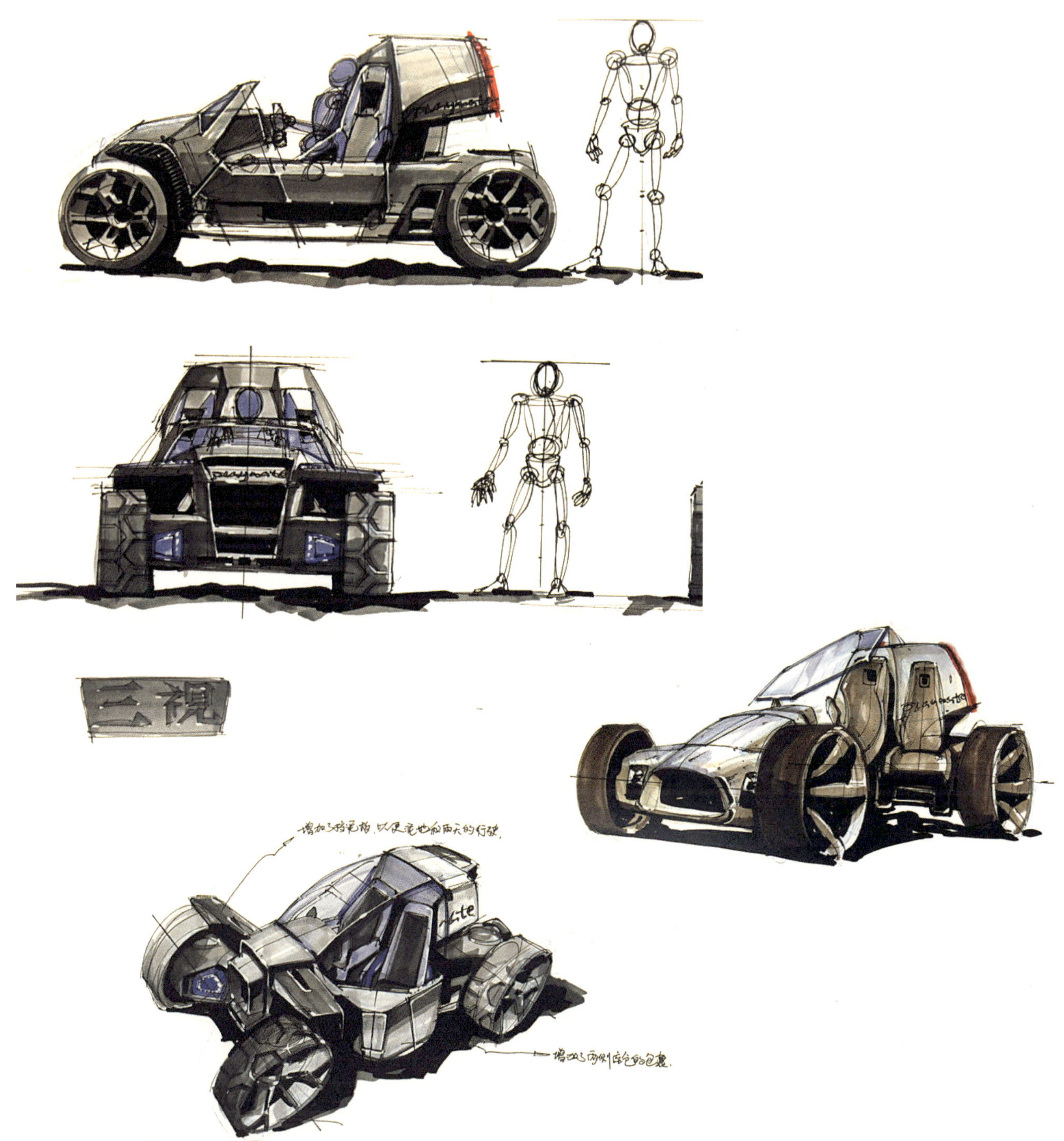
三視
增加了挡泥板，以便泥地和雨天的行驶.
增加了两侧轮的包裹.

## 9. 并行课程

并行课程教授：

著名文学大家　阿城

阿城老师担纲人文课程讲授，开设“工业时代的汽车文化”讲座，提升同学们的人文素养。

并行课程教授：

阿尔特（中国）汽车技术有限公司（IAT）　陈群一　设计总监

阿尔特（中国）汽车技术有限公司（IAT）　赵东杰　市场营销副总监

陈群一设计总监与赵东杰副总监主持了中国汽车设计新秀班学员在阿尔特的商业调研课程。

## 10. 工作坊所需材料清单

18×24英寸新闻纸

14×17英寸马克笔专用纸

6支黑色马克铅笔

灰色马克笔一套（或者只要2、3、5、7、9号灰色马克笔和黑色马克笔）

6支黑色Prisma铅笔

6支黑色Verithin铅笔

圆模板

曲线板

大透明塑料三角板

24色色粉1盒

中度色卡纸

其他所有可以用到的纸和材料

## 11. 学生感受

“第一次参与汽车设计名校ACCD教授的授课，这着实让刚上工业设计三年级的我有些紧张。对于汽车设计的很多方法我们并不熟悉，想必这也是大部分新秀班同学的顾虑。但理查德教授用简单风趣的手法教给了我们一些基本的绘图技巧和创意方式，比如色粉创意、快速草图训练等，让我们在不经意间就接受了大量的基础训练，这是本次课程最大的收获。”

新秀班学员　马珂

（马珂，1988年7月出生于四川，2011年毕业于北京工业大学艺术设计学院，同年加入奥迪北京设计团队。）

# 工作坊二：汽车设计研究

## 来自梅赛德斯—奔驰的观点——“中国的机遇”设计研究工作坊

**地　　点：** 北京中央美术学院设计学院教学楼5层教室

**关 键 词：** 汽车设计 研究 品牌 环境 能源 交通系统

**参训人员：** 来自全国各高校的第三届中国汽车设计大赛获奖者和中央美术学院设计学院相关专业学生

本次工作坊被安排在位于中央美术学院设计学院教学楼5层的专业教室进行，该空间的特点是可以通过隔断和工作台分隔为若干独立区域，便于学生以团队方式展开讨论和设计提案工作。

**授课教授：奥列佛·布雷（Olivier Boulay）**

在 1981 年于巴黎 E.S.A. 室内建筑高等学院获得建筑硕士学位后，奥列佛·布雷在伦敦皇家艺术学院开始了汽车设计的学习，并于 1982 年获得了自己的第二个硕士学位。同年秋天他开始为都灵的 I.de.A 汽车设计公司工作，随后加入了保时捷，帮助完成了新 911、“卡雷拉”（Carrera）和 959 的设计，他还设计了魏斯萨赫（Weissach）的办公楼和自助餐厅。1987 年应布鲁诺·萨克（Bruno Sacco）的邀请，他加入了奔驰的辛德尔芬根（Sindelfingen）设计中心，作为设计经理他参与了奔驰 C 级车的设计。1989 年他被任命为东京斯巴鲁设计中心的主设计师，并负责了“新力狮”的设计，这款车型成功挽救了公司破产的窘境。1992 年，他组建了奔驰日本高级设计中心，并被任命为总经理。他带领的团队完成了奔驰 F200 概念车的设计，也参与了在 1997 年东京车展发布的迈巴赫概念车的部分设计工作。1998 年他返回德国辛德尔芬根，担任奔驰高级设计部门的总经理，并负责奔驰为 2001 年东京车展准备的 F400 概念车的设计。同年，他被任命为三菱设计的高级总经理和负责人。在 3 年里，他的工作包括了 19 辆概念车和 50 多辆量产车。布雷负责的比较知名的三菱产品有：Pajero Evolution（Paris-Dakar），Mitsubishi Grandis，Colt series，Mitsubishi “i”（2007 年日本年度汽车），Mitsubishi Outlander，Eclipse Coupe and Eclipse Spider，pickup-truck L200 “Triton”，new Lancer，new Lancer Evolution。2004 年奔驰与三菱分开后，他重新主持了奔驰在日本的梅赛德斯—奔驰高级设计中心。作为总监，他在这里的代表作是 2005 年东京车展发布的电动版 Hygenius 概念车。2009 年 1 月，布雷被任命为奔驰中国高级设计中心的副总裁。从 2009 年 4 月起，他还担任了日本庆应大学（Keio University）的教授。

## 1. 工作坊综述

这期的工作坊课程由来自奔驰中国高级设计中心的副总裁奥列佛·布雷教授担纲授课。布雷教授在汽车设计行业中有着丰富的从业经验，主持和参与了大量的奔驰以及其他品牌的车型设计项目。他长时间在亚洲工作的经历，以及在日本大学中担任客座教授参与教学活动的经历，使他更容易理解亚洲学生进行汽车设计时的思考方式。

作为行业巨头，梅赛德斯—奔驰在中国北京开设了高级设计中心，充分显示了其对于中国市场的重视。当然，如果从设计教学的角度来考虑，我们相信在未来将会有很多的中国本土设计力量加入到这里，并且这里也将为中国的汽车设计教育提供值得参考的经验和机会。作为世界公认的汽车发明者，奔驰的设计实力毋庸置疑。所以，这期的工作坊期望借助于布雷先生的经验，聚焦于汽车设计的研究部分，使学生能够体验到顶级品牌的工作方法。

布雷教授在工作坊中的很多教学内容围绕着奔驰的设计展开，这引起了学生们的极大兴趣，从一个侧面也证明了汽车设计教学与设计实践结合的必要性。

布雷教授将工作坊的主题确定为“CHINA`S CHANCE”，即“中国的机遇”。在两天的工作时间里，布雷教授首先为学生讲解的内容是关于梅赛德斯—奔驰的品牌哲学、设计理念、工作方法和先进技术。进而将授课内容转换到正在高速发展的中国国内，在为学生进行了针对国内环境的分析后，布雷教授要求学生以团队方式对北京的城市交通状况进行调研和分析，并提出具有针对性的交通系统解决方案。实质上，布雷教授是期望学生能够不仅仅局限于汽车设计中对于工具个体的关注，而是通过课程去尝试理解更深层次的系统原因——从宏观角度出发去解决发展所带来的与交通生活方式相关的问题，并且在此基础上展开设计。

短期课程对于学生去完成这样的课题而言似乎略显短暂，所以在授课过程中，布雷教授通过有针对性的辅导和案例讲解，使学生明白了去解决复杂和庞大的问题并不一定要用到大型方案的道理。他告诉学生：往往在日常生活中容易被忽视的很多内容都可以成为问题的最佳解决方法，而这些方法也正是汽车设计师所应特有的智慧。

布雷教授的授课现场。

本次工作坊的主题是：“中国的机遇”，这既是期望中国学生能够提出满足中国机遇的系统解决方案，也在预示着中国在接下来的时间里将获得丰富的汽车设计教育资源。（左图）

## 2. 奥列佛·布雷教授提供的课程框架文件

Topic: “CHINA`S CHANCE”

主题：“中国的机遇”

（1） Mercedes-Benz Design Network Worldwide（梅赛德斯—奔驰的全球设计网）

（2） Why a Mercedes-Benz Design Center in China?（为什么梅赛德斯—奔驰在中国开设设计中心？）

（3） Mercedes-Benz Brand Image and Philosophy（梅赛德斯—奔驰的品牌形象与哲学）

（4） Climate Changes and the World Limited Resources（气候变化与世界资源的紧张）

（5） Mercedes-Benz Advanced Technologies（梅赛德斯—奔驰的先进技术）

（6） Needs of Visions（视觉的需求）

（7） An Example of Synergy（一个协作的案例）

（8） Chinese Environment and China’s Chance（中国的环境及其机遇）

## 3. 工作坊

此次工作坊由两天时间构成。在首日的上午，由布雷教授进行课程讲授，主要内容是在介绍梅赛德斯—奔驰品牌与设计相关内容的基础上，逐步引导学生关注中国国内社会发展和交通的现状，去发现其中业已存在的问题，进行梳理并找寻未来交通发展可能性的信息，进而思考如何提出有针对性的解决方案。布雷教授特意强调了即将进行的课程，大概在两年前他已经带领学生做过类似的工作坊，当时的主题就是通过调研来对未来进行描述。两年之后再来看当时的研究，他发现很多内容已经一步步地成为了现实，技术的高速发展使得创想转化为现实的时间越来越快，不但在中国是这样，在世界范围内也是如此。布雷教授还特意了解了在座的学生是否都来自汽车设计专业，因为接下来要进行的内容可能不单是局限在汽车设计领域的思考，他希望学生在思维上要宽广一些，不要被自己的专业背景限制住，要学会从多背景和多角度来思考问题。

下午的时候，所有的学生被随机分成五个工作小组，布雷教授要求以组为单位进行调研，调研的内容主要关注于对现有问题的收集分析和对于未来城市交通发展可能性的信息收集。上述的工作内容在当天的课程结束前需要进行汇总，并整理成可进行汇报与讨论的文件形式。布雷教授并未要求学生提交文件的标准形式，而是向学生们强调通过小组成员的协作，将本组采集到的素材进行合理组织，达到能够清楚地叙述本组对于未来中国城市交通系统发展趋势的目的。

在第二天的课程开始阶段，布雷教授要求每个设计组按照本组昨日的研究结果展开设计，设计内容不可以只局限于交通工具本身，而是着眼于如何去改善现有城市的交通状况以及如何去设计一个更有效的系统，从而为社会继续发展作出贡献。布雷教授的教学思路很明确：好的交通工具设计不会仅仅聚焦于产品单体，而是通过设计师

工作坊的教学现场。布雷教授为学生带来了大量的与教学主题相关的案例，其中包括了很多与梅赛德斯—奔驰的品牌及设计相关内容在内。这些内容引起了学生极大的兴趣，也使得他们与布雷教授形成了良好的互动。

赋予产品单体的、创造性的解决方案来推动社会的正向发展。这种设计观在课程中给予了学生非常大的启发，可以使学生明白设计研究的目的所在。布雷还特意为学生们准备了一段关于电动车车库系统的视频演示，引导学生如何有效地利用空间和时间要素来提高交通工具的使用效率。他希望学生能从中获悉设计师是如何在设计研究阶段寻找到问题并分析出问题的成因，如何提出设计方案的思路去解决这些问题，而不是仅仅进行所谓的“造型”设计，这个观点也是贯穿本次课程的讨论主题。

学生们分组完成布雷教授布置的课题任务。课题任务包括两部分内容：首先学生要对北京现有的城市交通进行调研并收集未来交通系统发展可能性的素材，然后在此基础上进行方案设计，最重要的是这两块内容要形成因果关系。（下图）

学生作业：“New Beijing @”。这组学生结合目前北京的环线交通结构，首先对其交通体系进行了重新规划，提出了一个以主干高速路为主要干道，结合带有合理功能区划的支线交通网络的新的路网方案。（右页图）

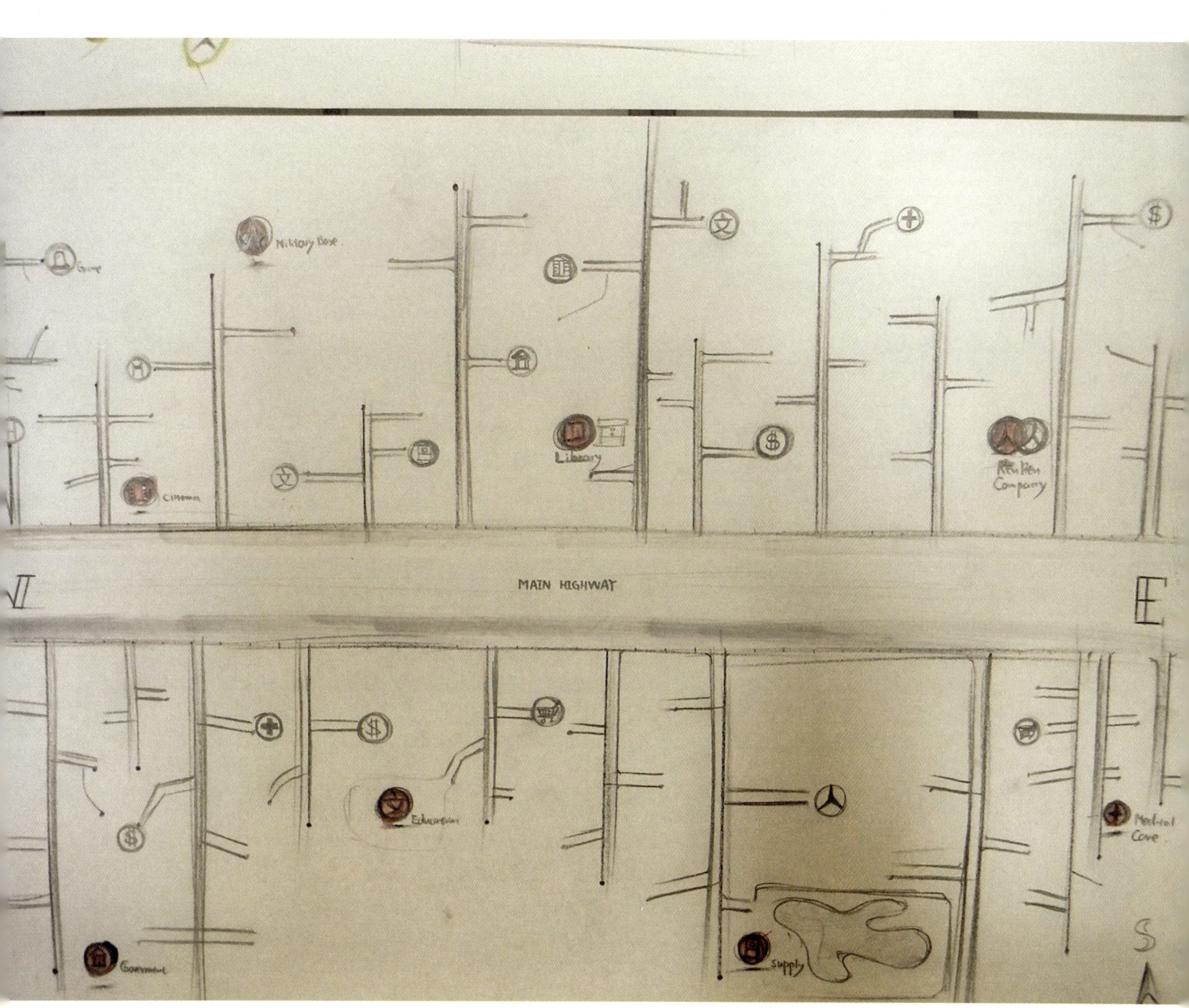
MAIN HIGHWAY
Library
Cinema
Company
Supply

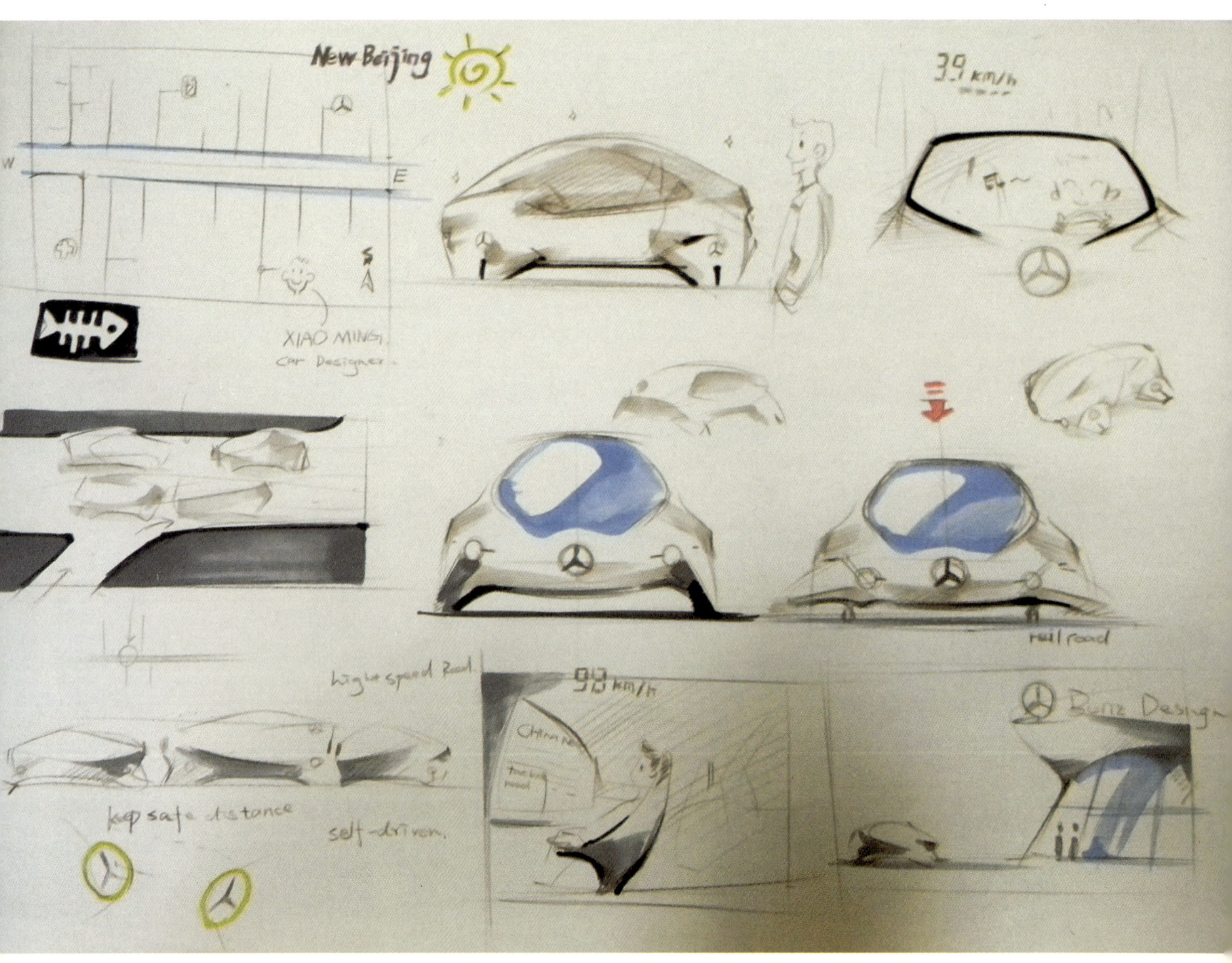


在此基础上，他们希望能有一种便捷型和智能化的交通工具终端来适应新的路网设置，而这些终端又可以系列化满足不同人群的需要。于是他们选择了奔驰品牌的车型，并以一位虚拟的年轻奔驰设计师为目标人群标本绘出了故事板，然后提出了设计方案。

对于新的终端，学生们也提出了很多有意思的想法。比如对于奔驰的整个产品线，他们认为从造型风格上可以概括在一个大型的流线型建筑风格中，对其分割后即可形成不同级别的车型，同时这也是模块化设计适配新的交通系统的一种体现。（右页图）

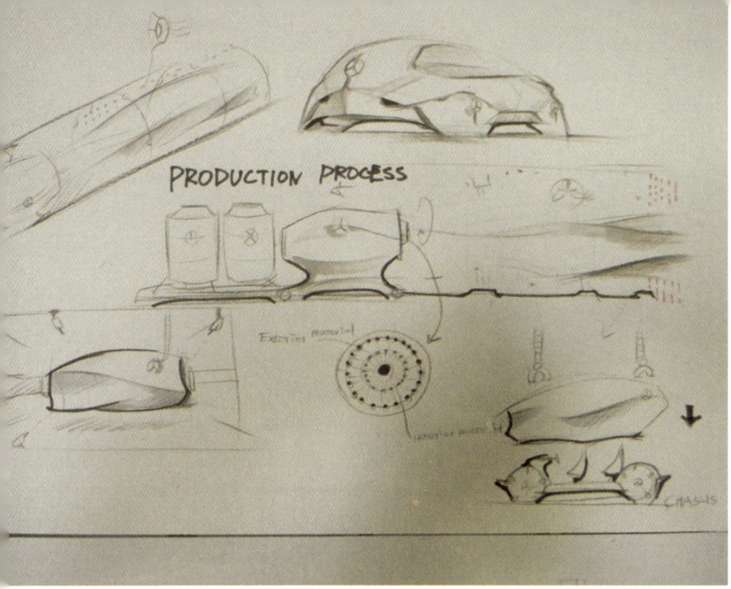

PRODUCTION PROCESS

CHASSIS

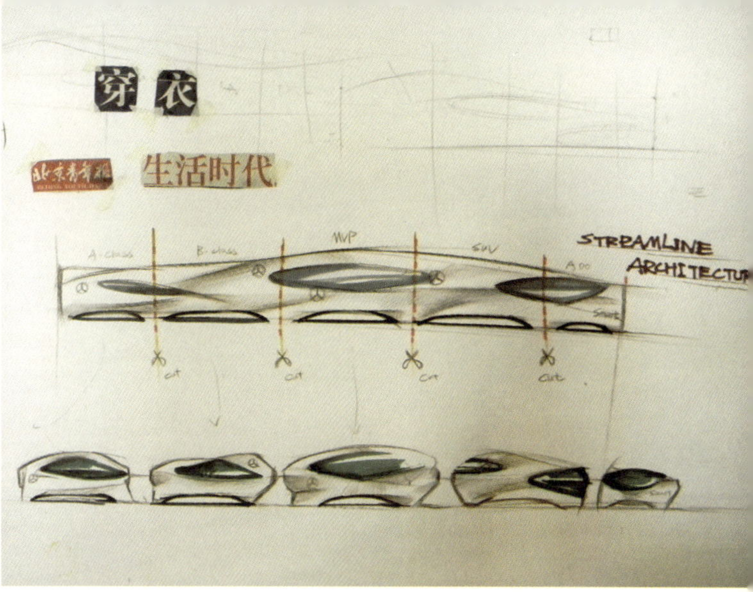

穿衣

生活时代

STREAMLINE ARCHITECTURE

A-class B-class MVP SUV A00

Cut Cut Cut Cut

MOVING

SMART

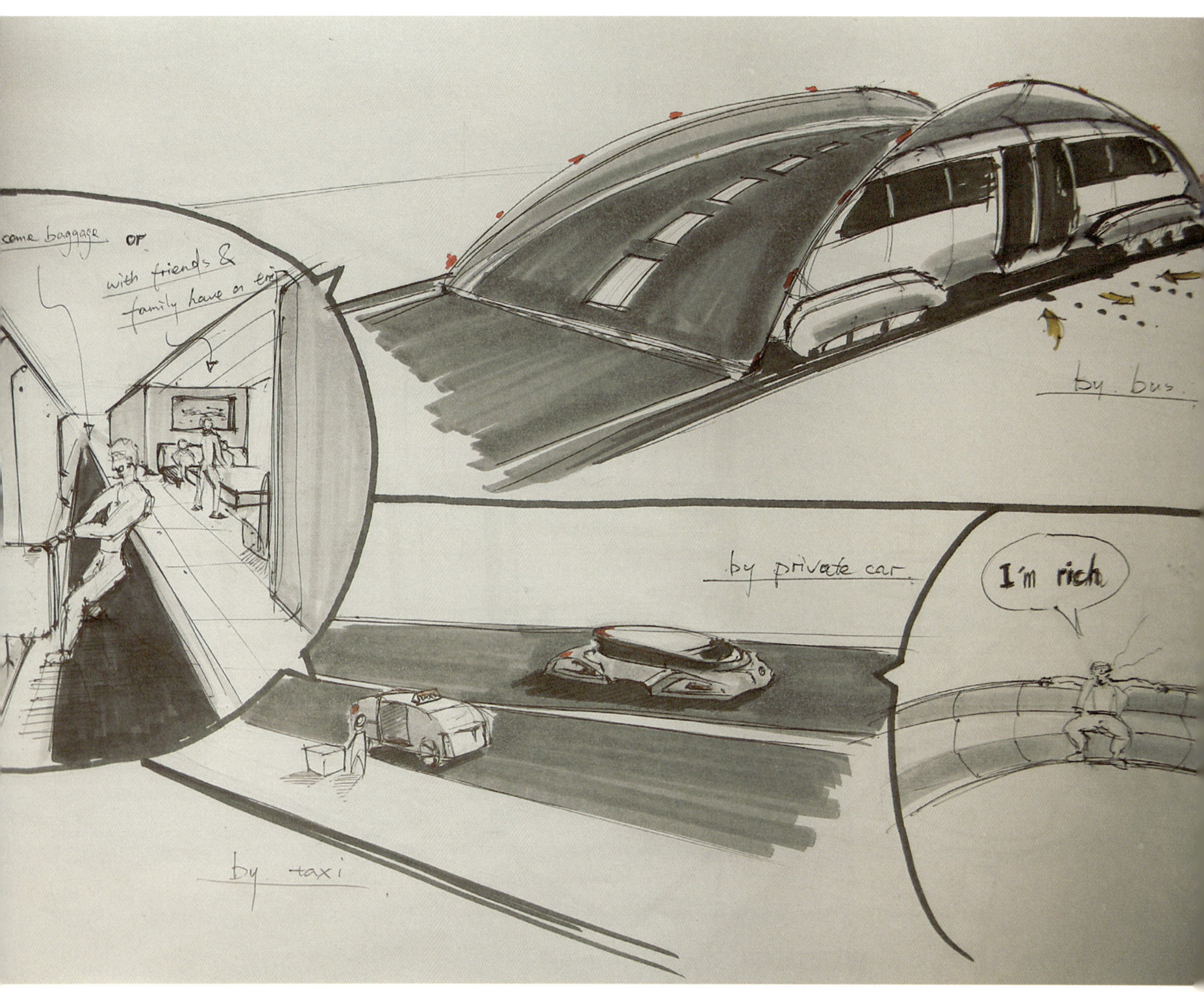


学生作业："Leaf"。这组学生首先对未来的交通系统进行了内容上的再定义，将其归纳为公共交通工具和私人交通工具两个系列，并研究它们之间的联系性。在此基础上提出了新的路面结构方式，即两个系列的交通工具可以合理地并行，并且以个人交通终端作为补充的方案。

Slow.
BusStop.
Fast
BusStop
crosswork
隔离带
BUS STOP

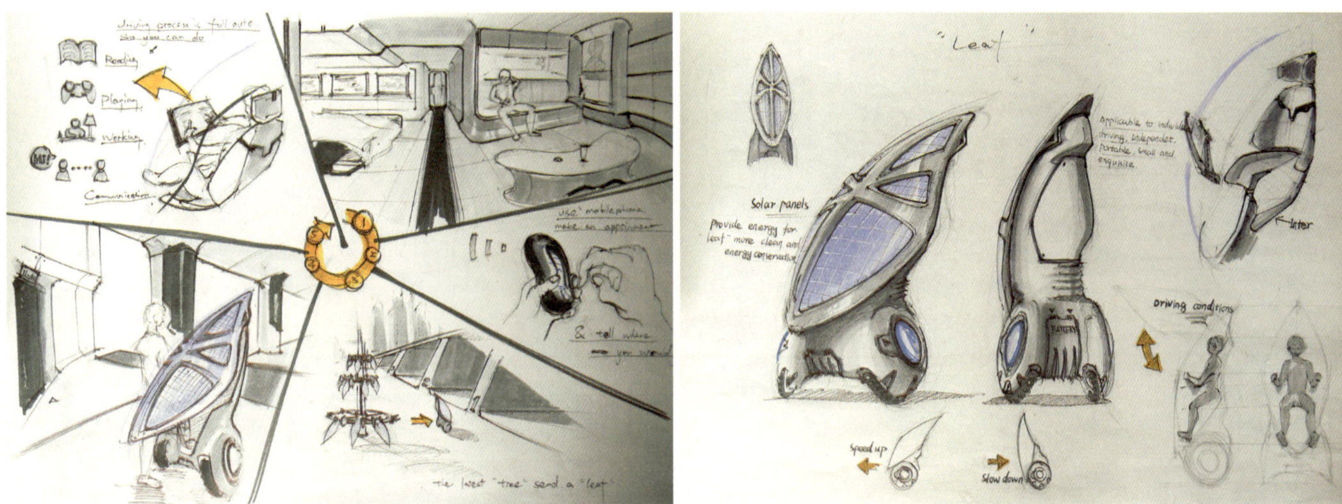


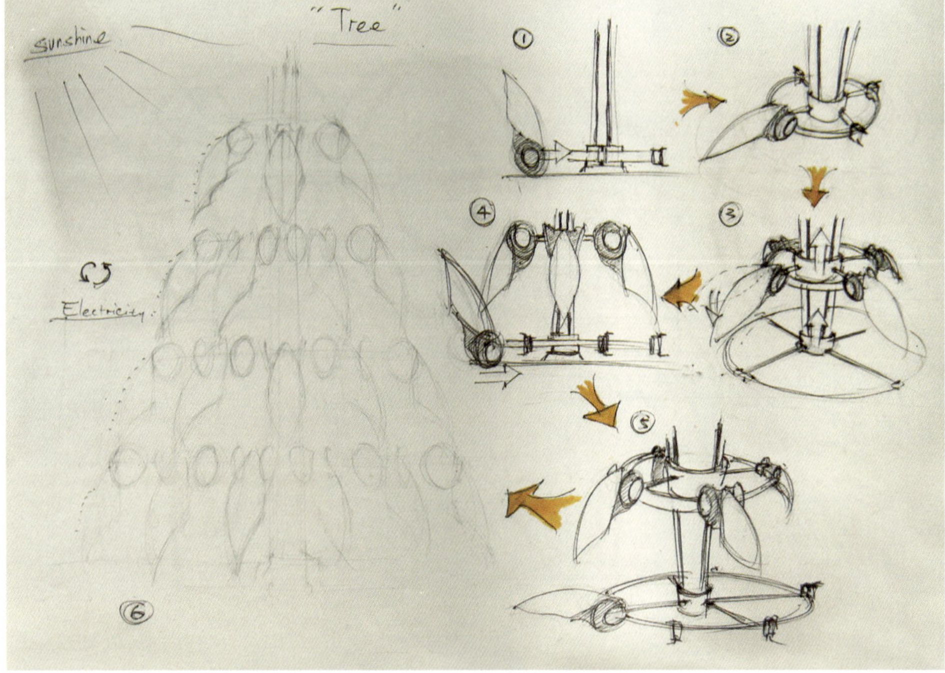


所以学生们提出了名为“Leaf”的个人交通工具概念。“Leaf”以太阳能为主要驱动能源，可以适应复杂的未来城市交通系统并能与公共交通系统形成互补的交通工具。“Leaf”的名称则来源于其形似绿叶来吸收太阳能的过程，并且“Leaf”的停车系统，就如同一颗长满绿叶的大树，可以为未来城市节约大量的空间。

布雷教授在课程进行过程中也尽可能多地参与到各小组的讨论中。当学生的思维伴随着研究的开始而变得越来越发散和越想越宏大的时候，他们会突然发现自己所关注的问题太过于复杂以至于不知该如何下手。这时，布雷教授给出了非常有启发性的例子：面对伦敦糟糕的交通系统，一位英国学生通过研究曾经提出了这样的解决方案，他提出夜间（午夜零点到次日早上六点）利用大部分空驶的轨道交通来运输第二天所需要的生活物资，包括酸奶、面包、报纸等生活必需品，这样就可以大幅度减少大型货运车辆进入市区而带来的交通隐患问题，直接缓解了由早高峰货运压力带来的交通拥堵。这个非常简单的设计思路却实实在在地为伦敦政府提供了非常有效的交通系统改进方法。布雷教授通过这个案例提醒学生：“好的设计不一定是复杂或者庞大的，它可能就存在于你的身边，只不过你没有注意到它而已。或者说作为设计师，你可能没有找到合适的设计研究方法来发现它并加以应用。”

学生们在分组汇报方案。布雷教授在学生汇报的过程中十分乐于倾听学生们的设计想法，并且他会不断地引导学生去关注对于问题的解决。

布雷教授在分组的辅导讨论中，按照该组的设计思路对其方案进行了发展，在这个过程中他始终强调的是设计方案与前期研究结果的一致性。学生们在课程进行到第二天下午的时候基本以草图或者图表的方式完成了布雷教授所布置的任务，并且以组为单位进行了简单的汇报。虽然最终完成的方案稍显粗糙，但在布雷教授看来，学生们还是基本完成了他所设想的教学目的：作为设计师不要只是去关注汽车或者交通工具单体的造型设计，而是要真正地去理解交通工具设计师的工作使命所在：以自己的设计去发现和解决社会中存在的问题，用设计推动社会的发展。

学生们进行了大量的分析工作，他们期望从中得到一条清晰的未来城市交通发展之路以及与之对应的解决方案。（下图和右页图）

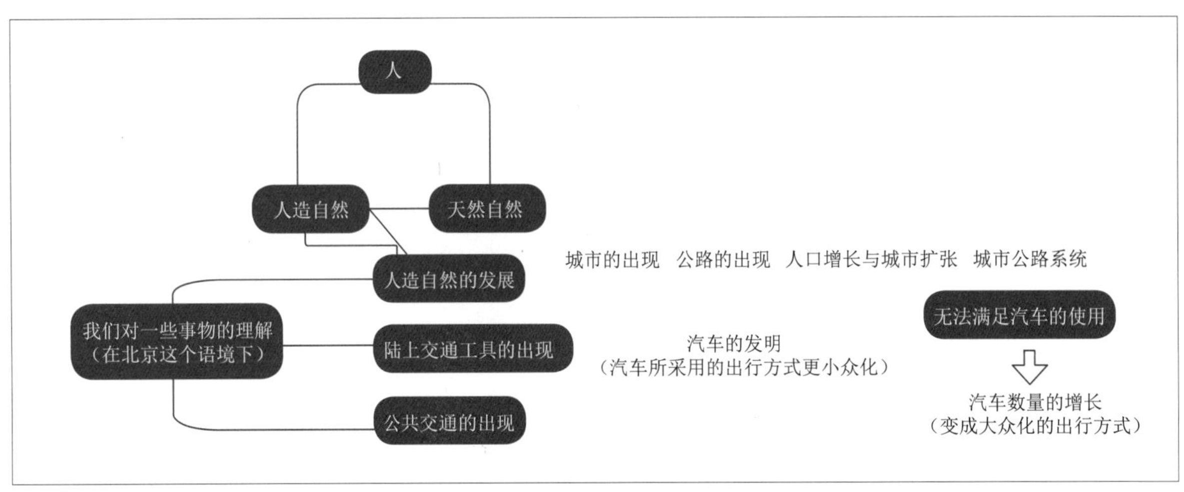


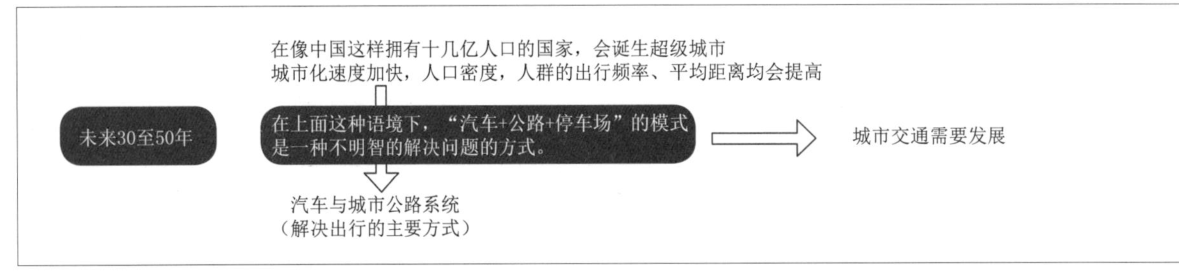

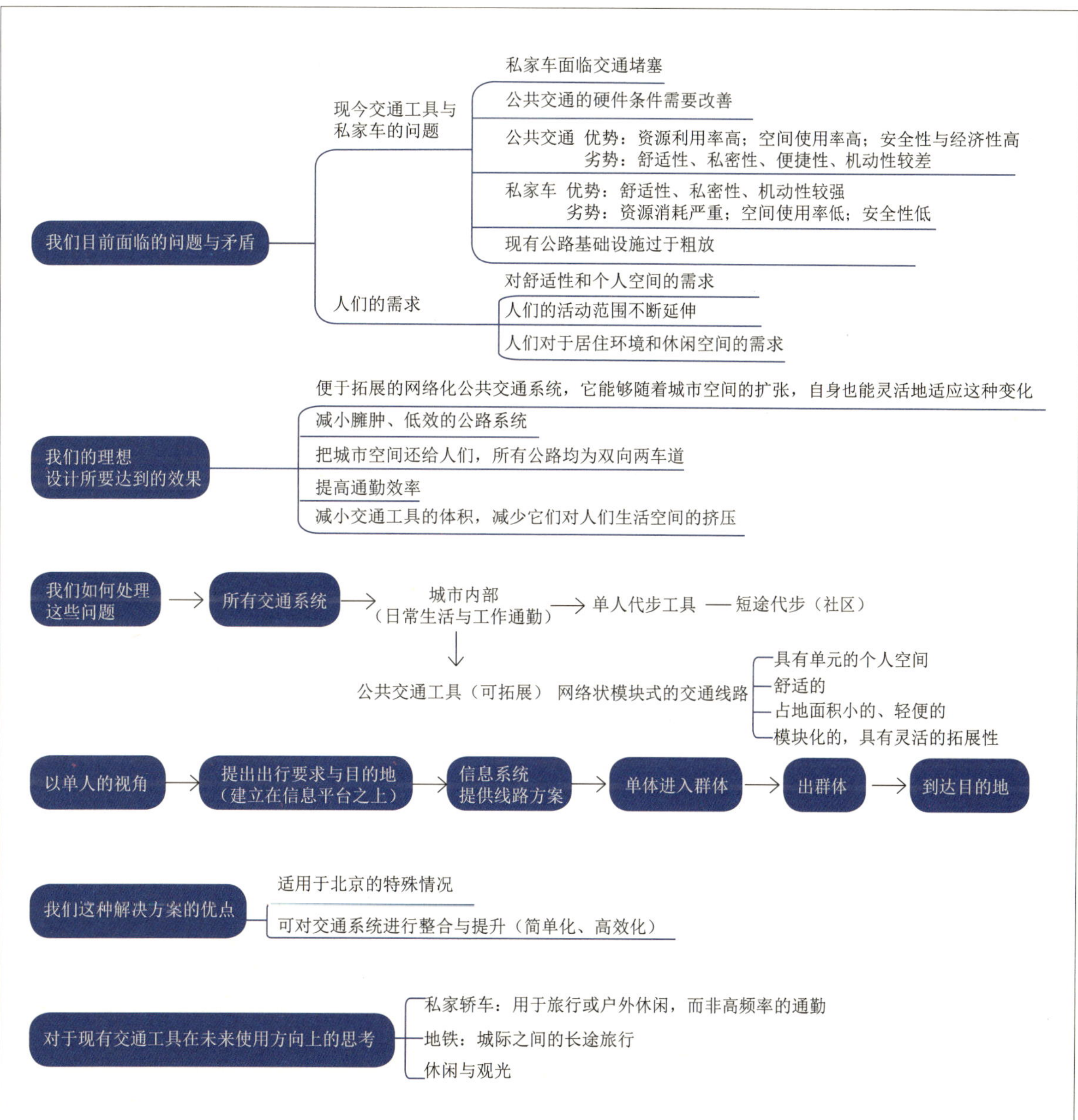
我们目前面临的问题与矛盾
现今交通工具与私家车的问题
私家车面临交通堵塞
公共交通的硬件条件需要改善
公共交通 优势：资源利用率高；空间使用率高；安全性与经济性高
劣势：舒适性、私密性、便捷性、机动性较差
私家车 优势：舒适性、私密性、机动性较强
劣势：资源消耗严重；空间使用率低；安全性低
现有公路基础设施过于粗放
人们的需求
对舒适性和个人空间的需求
人们的活动范围不断延伸
人们对于居住环境和休闲空间的需求
我们的理想
设计所要达到的效果
便于拓展的网络化公共交通系统，它能够随着城市空间的扩张，自身也能灵活地适应这种变化
减小臃肿、低效的公路系统
把城市空间还给人们，所有公路均为双向两车道
提高通勤效率
减小交通工具的体积，减少它们对人们生活空间的挤压
我们如何处理这些问题
所有交通系统
城市内部
（日常生活与工作通勤）
单人代步工具 —— 短途代步（社区）
公共交通工具（可拓展） 网络状模块式的交通线路
具有单元的个人空间
舒适的
占地面积小的、轻便的
模块化的，具有灵活的拓展性
以单人的视角
提出出行要求与目的地
（建立在信息平台之上）
信息系统
提供线路方案
单体进入群体
出群体
到达目的地
我们这种解决方案的优点
适用于北京的特殊情况
可对交通系统进行整合与提升（简单化、高效化）
对于现有交通工具在未来使用方向上的思考
私家轿车：用于旅行或户外休闲，而非高频率的通勤
地铁：城际之间的长途旅行
休闲与观光

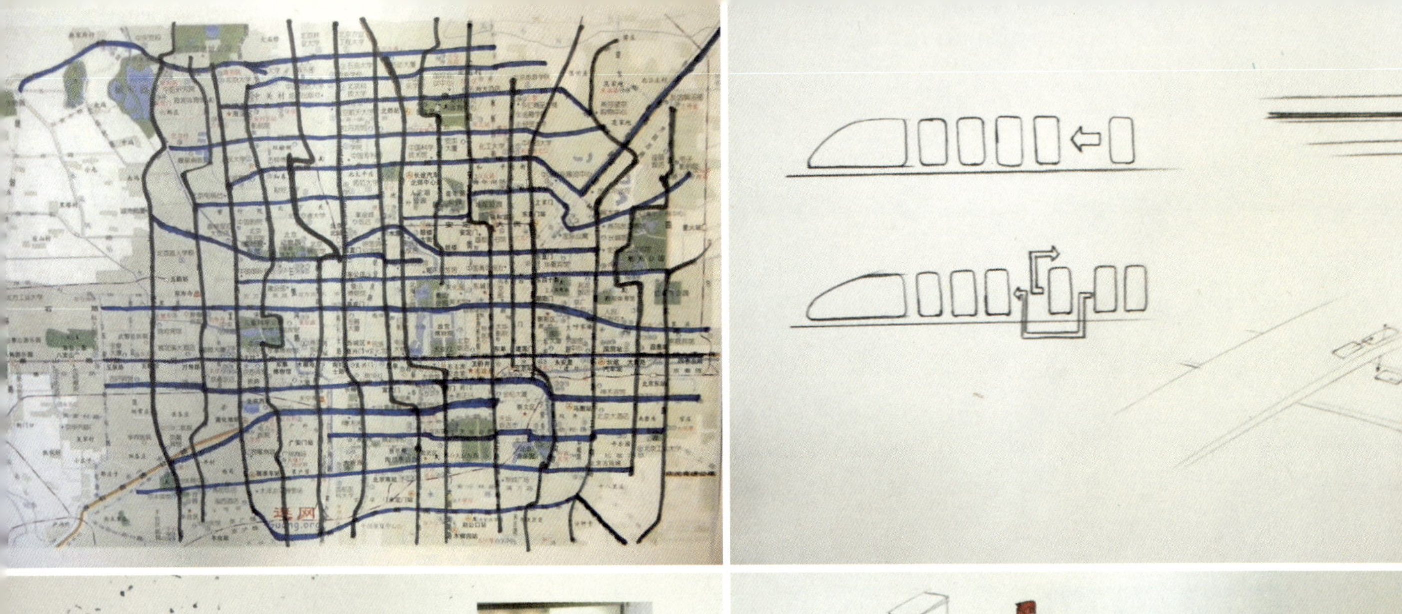

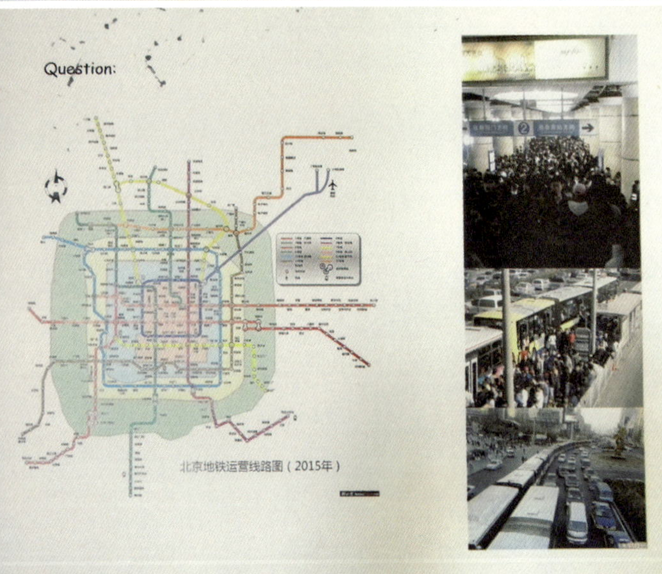


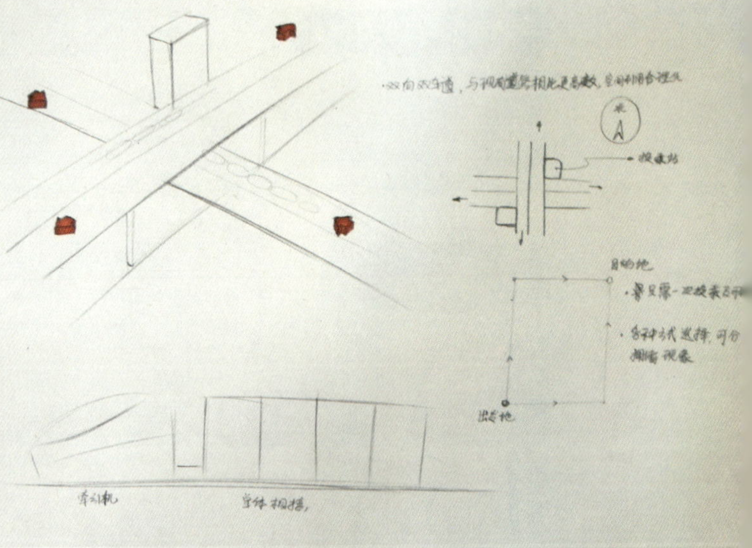

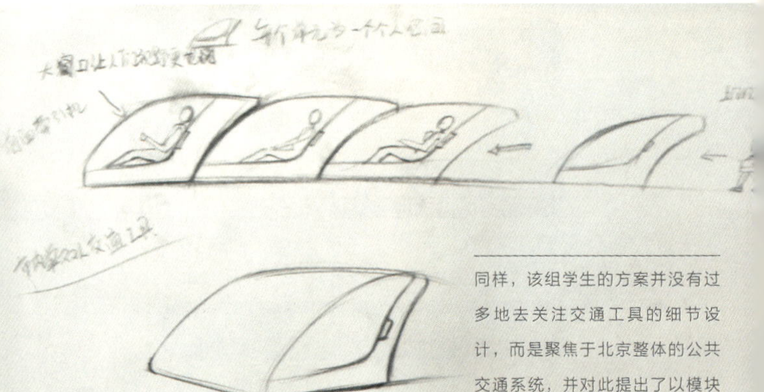

同样，该组学生的方案并没有过多地去关注交通工具的细节设计，而是聚焦于北京整体的公共交通系统，并对此提出了以模块化的个人交通工具与立体公共交通系统对接方式的设计方案。

**布雷说**

关于奔驰设计中心：

“梅赛德斯—奔驰目前在全球共有五个设计中心，分别设立在美国、德国、意大利、日本以及中国北京，不同的设计中心可以让奔驰更深入地了解不同区域内消费者的爱好，保证奔驰未来的设计能够符合他们的偏爱，这也是奔驰最重要的品牌和设计战略。但有一点大家要注意，就是所有的奔驰设计中心进行的工作都是纯粹和地道的奔驰设计项目。在北京的设计中心，我们会完成很多的常规设计任务。当然也会去寻找中国消费者的习惯，并期望将此融入到奔驰的产品中去。不同设计中心的内部竞争可以让奔驰的设计师们更加有竞争性，才能做出更好的产品来。每个设计中心都会提出自己的方案，但最终设计方案肯定会融入其他设计中心方案中的优点。”

奔驰设计在中国：

“奔驰在华设立设计中心，使我们可以更准确掌握中国消费者的心理与偏好。但在这个中心，我们的主要任务还是依据奔驰的造车理念来设计典型的德国车，这也是中国消费者会乐于接受奔驰汽车的原因所在—中国消费者是因为认同奔驰的造车理念和设计理念才成为奔驰的用户的。当然，中国市场具有自己的特点，我们会将我们产品的设计尽可能多地考虑中国消费者的消费习惯，同时也考虑全球的用户需求，这也是为什么我们开设中国设计中心的原因。”

关于汽车设计：

“一般说来汽车设计中的每一个步骤都是非常重要的。而在每个设计项目的开始阶段则是最困难的，因为你需要在自己的大脑中明确地知道设计对象的概念和它的消费对象群体。概念对于整个设计非常重要，它可以让设计师在脑海中形成设计的基本框架，而好的设计师肯定会在设计开始的时候就有了自己对于概念的理解，这种理解往往又是建立在对目标消费者的理解之上的。如果是为中国设计的某款车，设计师只有建立在中国的市场基础上思考才能形成概念。设计前期的某些相关内容可以通过其他部门获得，但设计师必须要有自己清醒的认识。确定了目标受众后，设计师还要考虑关于设计定位的问题，就这样一步一步地来逐层明晰你的设计对象。”

## 4. 课程总结

“他传授给我们的不仅仅是如何去设计交通工具，而是如何去成为一个合格的交通工具设计师”——这是一名新秀班的学员对于布雷教授所主持的这次工作坊的评价，笔者认为这也是对这次课程的最好总结。长期以来在很多中国学生的眼中，画图成为了设计工作的全部内容，尤其是在汽车设计领域，很多学生乐于以一张图的表现技法或者风格好坏来判定其价值，这是对于汽车设计的严重误解。通过短短两天的工作坊课程，使学生能够开始建立起正确的专业认知，也就很好地达到了课程设置的初衷。

在前期与布雷教授进行沟通的时候，他曾经很谦虚地表示不知道该选择什么样的课题来带给这些学生。当时笔者对此的回应是只要他能分享他自己的设计经历，对于学生而言就是非常完美的了。尤其是对于设计研究这样一个相对来说比较抽象，或者说带有“隐性知识”色彩的教学内容而言，以成功品牌的设计思想和成功设计师的设计经验来带动学生去尝试和探索，那是再好不过的了。所以在这次课程中，明显区别于首期技能训练工作坊的一点是：我们不要求学生一定要获得某项基础的技能，但对于把握如何去开始设计、如何去定位设计和如何去掌控设计则是必须要关注的。

## 5. 并行课程

并行课程教授：著名文学大家　阿城

阿城老师担纲人文课程讲授，开设“工业时代的汽车文化”讲座，提升同学们的人文素养。

并行课程教授：LKK洛可可设计公司总裁、著名设计师　贾伟

贾伟先生主持了同学们在LKK洛可可设计公司进行的商业调研课程。

## 6. 工作坊所需材料清单

A3画纸

黑色铅笔

彩色铅笔

纸胶带，若干

马克笔，灰色系列、黑色、彩色若干

色粉

裁纸刀

圆模板

## 7. 学生感受

“此次课程有幸与在汽车设计一线工作的布雷先生接触，他给我们带来了很多新的汽车设计观念，诠释了汽车在中国作为城市交通工具的真正意义。在布雷先生的带领下我们设计了一套为未来城市的交通系统，根据未来环境与人的变化，重新对汽车进行了定位。对于我而言，课程中最重要的是了解了通过设计研究来展开设计的方法。”

新秀班学员　马珂

# 工作坊三：汽车设计思维

## 邦格的汽车设计观——关于汽车设计思维的工作坊

**地　　点：** 北京中央美术学院设计学院教学楼地下 1 层数码媒体多功能教学空间

**关 键 词：** 汽车设计 思维 艺术 流派

**参训人员：** 来自全国各高校的第三届中国汽车设计大赛获奖者、中国一汽技术中心设计师以及中央美术学院设计学院相关专业学生

邦格在工作坊的开始阶段就显示出了汽车设计大师的魅力——大量学生、设计师和媒体人员闻风而至，以至于我们不得不把首次课程改为公开的讲座方式进行。即使如此，硕大的设计学院报告厅依然座无虚席，甚至连过道中都坐满了人。此后的工作坊安排于设计学院地下1层数码媒体多功能教学空间内进行，由于本次工作坊强调的主题是汽车设计思维，因此便于互动、相对封闭的空间对于展开教学是非常重要的。

## 授课教授：克里斯·邦格（Chris Bangle）

克里斯·邦格，1956 年出生于美国俄亥俄州，就读于洛杉矶帕萨迪纳艺术中心（ACCD）汽车设计专业。1981 年毕业后，邦格在欧宝（Opel）开始了他的汽车设计职业生涯，而他首先参与的设计工作是负责概念车的内饰设计。接着，邦格在 1985 年转往意大利的菲亚特（Fiat）任职。1992 年，德国宝马（BMW）汽车公司邀请他主持宝马设计中心的工作，因此成为了宝马首位美国籍的总设计师。邦格是一位享有盛名又颇受争议的汽车设计师，他曾经以概念车：Z9 Gran Turismo 让全球车坛为之惊艳。他参与了宝马旗下包括 1、3、5、6、7 系列车型，以及 Z3、Z4、Z8、X5、X6 等多款量产车和概念车的设计工作，塑造出了宝马清晰而独特的造型风格。邦格还负责了同属宝马集团的 Mini 和劳斯莱斯两个品牌的设计工作。无论如何，邦格是世界公认的汽车设计大师之一。2009 年，邦格从宝马设计总监的职务离职，创办“邦格咨询”（Chris Bangle Associates， S.R.L.）来实践自己的设计理想。

## 1. 工作坊综述

“汽车设计是艺术”，这是邦格在美国TED关于汽车设计公开课中的开场白。“来中国之前想了很久，因为我不确定我的到来能否改变你们对汽车的想法，但现在我觉得会有不同的想法。我将会去启发你们，用不同的方式和角度来设计一辆车，让设计的改变来促使工程师们在制造时的改变。”“作为汽车设计师，是唯一能向制造者提出采用不同方式制造的人，我们可以给别人带来不同的灵感。只有在你挑战自己时才能成就这些，GINA（宝马2008年发布的织物外壳的概念车）是我给汽车的身上穿了一件漂亮的外衣，但不只是改变外形，而是车存在的意义和汽车代表的意义被彻底改变。”这是邦格在这次工作坊开始的时候提出来的观点。当然，这也是作为教务主管，笔者邀请邦格担纲此次主旨为“汽车设计思维”工作坊的原因所在。

在课程中邦格曾做过一个形象的比喻，他认为对设计师而言，“品牌”就像是一座碉堡，开始的时候碉堡保护着里面的人们，让内部的人们可以生活和生产，品牌像碉堡一样将来自外界的威胁阻挡在外面。但是，一直固定不动的碉堡，随着周遭的发展逐渐地会失去本身存在的意义。那它还能保护里面的人么？看看曾经地图上的法德分界线（马其诺防线）就会知道，法国人为了防止德国入侵，在边界线上建造了大量的碉堡，可是最终的结果想必大家都是知道的。于是人们开始想办法去改变，在欧洲的一些地方，有的碉堡被改成了酒店。对于品牌来说，改变的办法就是将品牌变得多元化或者以新的概念来经营品牌。如同美国橄榄球比赛中有这样一句话：“最好的防守者也是最好的进攻者”。现在我们能发现，

GINA 是邦格在离开宝马前的一款概念车设计，一经发布便震惊车坛。GINA 大胆地采用了织物作为车身材料，赋予了整车具有可变的动态造型。GINA 也是最能全面地阐述邦格汽车设计思想的一款产品。

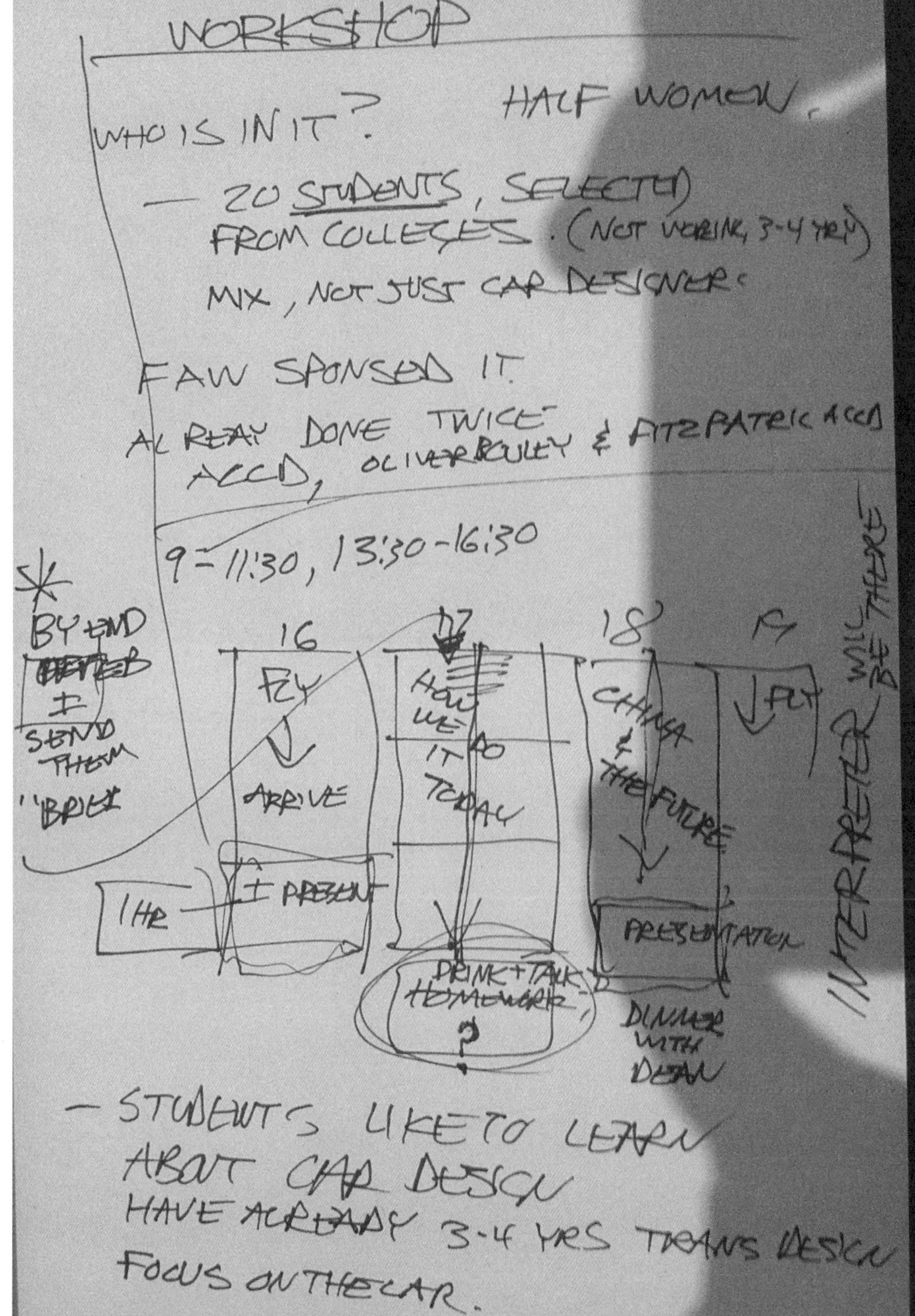

WORKSHOP
WHO IS IN IT?
HALF WOMEN.
— 20 STUDENTS, SELECTED
FROM COLLEGES. (NOT WORKING, 3-4 YRS)
MIX, NOT JUST CAR DESIGNERS
FAW SPONSORED IT.
ALREADY DONE TWICE
ACCD, OLIVER BOULEY & FITZPATRICK ACCD
9-11:30, 13:30-16:30
BY END
I
SEND THEM
"BRIEF
16
FLY
ARRIVE
1 HR
I PRESENT
17
HOW WE DO IT TODAY
DRINK + TALK
?
18
CHINA & THE FUTURE
PRESENTATION
DINNER WITH DEAN
19
FLY
INTERPRETER WILL BE THERE
— STUDENTS LIKE TO LEARN ABOUT CAR DESIGN
HAVE ALREADY 3-4 YRS TRANS DESIGN
FOCUS ON THE CAR.


在工作坊开始前，围绕课程内容双方进行了多次沟通。这是开课前两个月邦格途径北京的时候，在教务主管王选政老师的草图本上留下的对于课程初步构想的图表。

邦格显示出了设计师特有的对新鲜事物关注的特点。他先是对中国人用一只手即可表示出十个数字的方式发生了兴趣，然后在教务主管王选政老师向学生和听众介绍他的时候，饶有兴趣地拿出了手机拍摄现场。

已经有很多公司开始建造和改变他们的“碉堡”了，比如诺基亚曾经表示：“我们不做翻盖手机”，可事实真的如此吗？

从中不难看出邦格的汽车设计观：“挑战现有的原则和传统”是他所一直坚持和推崇的信念，即使对于艺术家而言，真正地去实践如此信念尚且不易，何况是在工程人员掌握着话语权的汽车圈内，以设计师的身份去实践呢?！有着丰富从业经历的邦格，已然不再仅仅考虑的是汽车设计的所谓风格和趋势问题，更不会是汽车设计的技巧或者方法问题。他开始思考的是汽车究竟该以何种方式继续存在，或者是否该继续存在。如果把这种思考“形而上”的话，完全可以发展成为关于汽车设计的思维模式体系，甚至上升成所谓的设计哲学。汽车设计师在此背景下应该做的，则是为汽车这一概念在未来社会中寻找到合适的位置。

上述原因促成了笔者邀请邦格来进行这次工作坊。我们希望学生能够通过跟随邦格的课程，深层次地思考汽车设计师的角色问题，这些思考将决定他们未来在汽车设计领域能够走多远。而这次具有相当的“思辨性”的课程，由学生们的设计“偶像”来带领完成，是再有效不过的了。

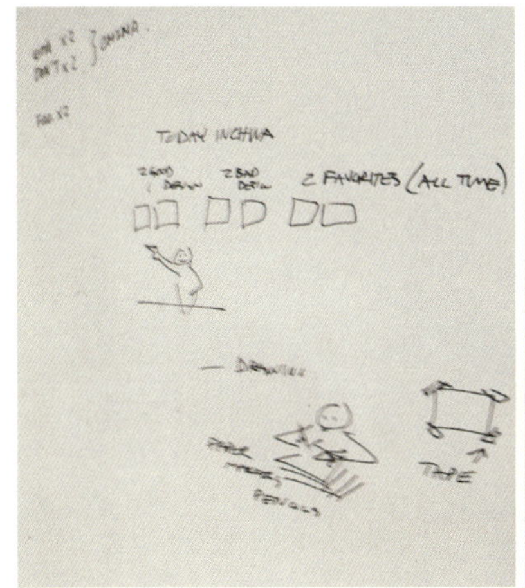

邦格十分乐意运用图表来辅助工作，这是他为了提前布置任务和介绍课程安排（You&Me 图表）而随手勾勒的图表。

课程将持续两天半时间，包含了五个三小时长的工作时间段（Working Part）。在首个时间段中，邦格进行了公开课讲授（原本是为参加工作坊的学生专门进行，后来因为希望参与进来的人数太多，所以改为以公开课的方式进行），阐述了他自己对于汽车设计的理解和思考。在这个时间段，他还向参加工作坊的学生下达了任务：收集目前在中国市场上可见的汽车图片，每人分别选出两款自认为好的设计和不好的设计，另外选出两款自己喜欢的汽车设计，于第二天上午进行发布。对于随后的四个时间段，邦格用简单的“You&Me”图表的方式进行了任务分解：“You”指的是学生接下来需要发布自己选择的车型、绘制草图（The Design Today：表现今日中国汽

邦格在工作坊的教学片断。他的讲解和演示非常投入，很多事情都要亲力亲为，丝毫没有汽车设计大师的所谓派头。邦格表示十分喜欢和中国学生在一起的感觉。

车设计）、设计未来的中国汽车（Cars in China Future:针对目前市场上学生认为不好的车型而进行的改良设计）和最终发布；“Me”指的则是邦格承担的工作内容，主要包括他的讲解与指导。而邦格也特别强调，在整个工作坊过程中，学生可以随时向他提出问题，这也是他的重要教学内容。此外，乐于使用图表是邦格的工作特点，在随后工作坊的教学过程中，他多次使用这种方式来协助完成教学任务。

邦格在教学过程中没有过多地关注技能教学，他更乐意引导学生去思考，让学生跳出现有的概念限制，寻找更多的“汽车”概念的可能性。学生在这次课程中最终完成的作业，如果单纯从形式上看可能并不完整，甚至只是停留在草图阶段。但对于学生的设计观而言，却经受了洗礼。笔者和邦格在总结课程的时候开玩笑地用到了“开民智”这个词，不知道他是否能够理解，但在事实上是契合当前国内学生对于汽车设计理解的实情的。很多学生在课后能够仍然沿着课上交流的轨迹去思考，这对于从传统上只重视最终结果的中国设计教育产物来说，是非常难得的。这也是邦格除了大师盛名之外，通过这次工作坊留给中国学生最宝贵的礼物。

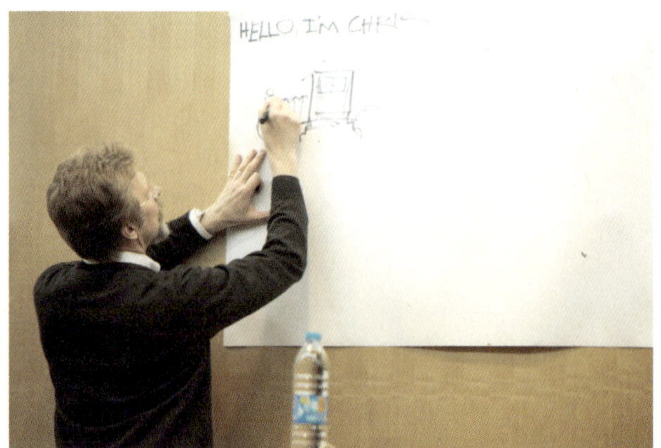

邦格在讲座伊始就采用了大量的图示与草图来辅助讲解，他认为这是设计师最好的交流方式，甚至可以跨越语言的障碍。

## 2. 公开课

邦格是很多学生心目中的偶像，甚至对于很多汽车设计师而言也是偶像。所以，当我们决定把首次课程变为公开课之后，中央美术学院设计学院学术报告厅的门口迅速挤满了慕名而来的学生、设计师和媒体人员，很多人在讲台前的地板上席地而坐。台上的邦格看起来和平时不同，他没有穿西装，只是穿了一件风衣外套，随手挂在椅背，看起来，就像在他工作室里一样，随意而自然。邦格先为大家展示了几组他个人的生活照片，强调了他与艺术的亲密关系。他从汽车设计历史讲起，通过不同品牌的车型展示、对比，表达出品牌精神超越车型造型的设计思想，以及他个人对汽车设计的追求。在公开课中，邦格也反复强调了设计师应当如何去重新思考和定义汽车，以及这种思维方式对于汽车设计师的重要性。邦格还特别介绍了他现在住在意大利都灵南部的一所房子里，他的花园里用木条固定着一块大石头，这块7.5吨重的大理石是宝马公司给他的送别礼物。邦格非常喜欢这件礼物，他说自己打算先将它放在空气中，待风雨的冲刷和上帝的雕琢后，自己会将它做成一件完美的作品。这件事情在他与笔者商谈课程的过程中也被多次提起，可以感受到的是邦格始终没有放弃他内心深处的艺术家身份的自我认同，而对于艺术的推崇和热衷，是他在汽车设计领域取得成功的重要原因。我们在此节选了邦格在公开课中的几个关键话题，期望以此阐述他的汽车设计思想。

**（1）关于汽车设计师**

邦格很认真地对在座的学生们说：认识汽车设计师，就需要去了解这个人背后的性格和个性；要想认识一个人，一定要看到他内在的东西。而在汽车的世界里，汽车设计师又是存在于什么位置呢？首先，他们要面对那些对汽车和设计提出需要的人，这些人会说出他们需要的和他们想要的是什么；其次，设计师还要面对市场的需要，这体现在产品和生产条件上。汽车设计师们就是在这两者之间，并努力将二者结合。当然，或许这样的说法有些过于理想。在现实的条件下我们虽然有很好的概念，但最终得到的结果却往往不尽如人意。邦格列举了不同年代下人们对车的不同期望。在他看来，1970年代，人们注重的是汽车的安全性；1980年代，人们开始注重车的外形；到了1990年代，顾客更在乎汽车的性能；2000年，汽车工业开始注意保护路上行人的安全；现在，在一辆汽车身上是所有的东西加在一起，人们对各个方面的性能和表现都非常在意。以上这些都是汽车设计师必须要考虑的。

那么汽车设计师是什么样子的？邦格的答案是：主教。作为一名汽车设计师，身边会有人不断提出很好的建议，在这样的环境下会觉得自己在慢慢“变小”。说到这里，邦格又变得有些严肃起来。他认为，作为一名汽车设计师需要具备三个特点：

第一，挑战自己所做的每件事。在身边经常会听到这样的声音：都是这样做的。设计师应该想的是：为什么要这样做？

第二，文化。作为汽车设计师，目的是将文化向前推进，这就要求设计师首先要去了解文化，成为这个文化的一部分。若人们不认同你的文化归属，那么也将无法推进你的工作。汽车设计师的工作不是去保护文化，而是要让它发展。

第三，勇气。一定要去做想做的。邦格说每一位为汽车设计而工作的人都是心怀尊敬的，正是因为勇气的推动，才有足够的力量去推动文化的发展，才敢于挑战自己所做的每一件事。

对于设计师如何把握汽车设计中“度”的问题，邦格给出了一个形象的例子：不同系列的汽车产品就像是在一个书架上，每一本书都代表着一个车型，书架的两端会有两个挡板，好的品牌首先要确定挡板的含义：一端代表的是非常疯狂的汽车技术，另一端则表示非常漂亮的外形。这样一来挡板中间所有的事情都可以很容易地完成了，同时也意味着汽车设计绝对不仅仅是画出漂亮的草图那么简单。

他特别强调，作为一名汽车设计师在设计过程中要永远保持自己的设计精神。邦格称古希腊神话中的雕塑家皮格马利翁（Pygmalion）是汽车设计之父，虽然只是个小玩笑，但是体现出了邦格眼中的汽车设计师的精神归宿。皮格马利翁是古希

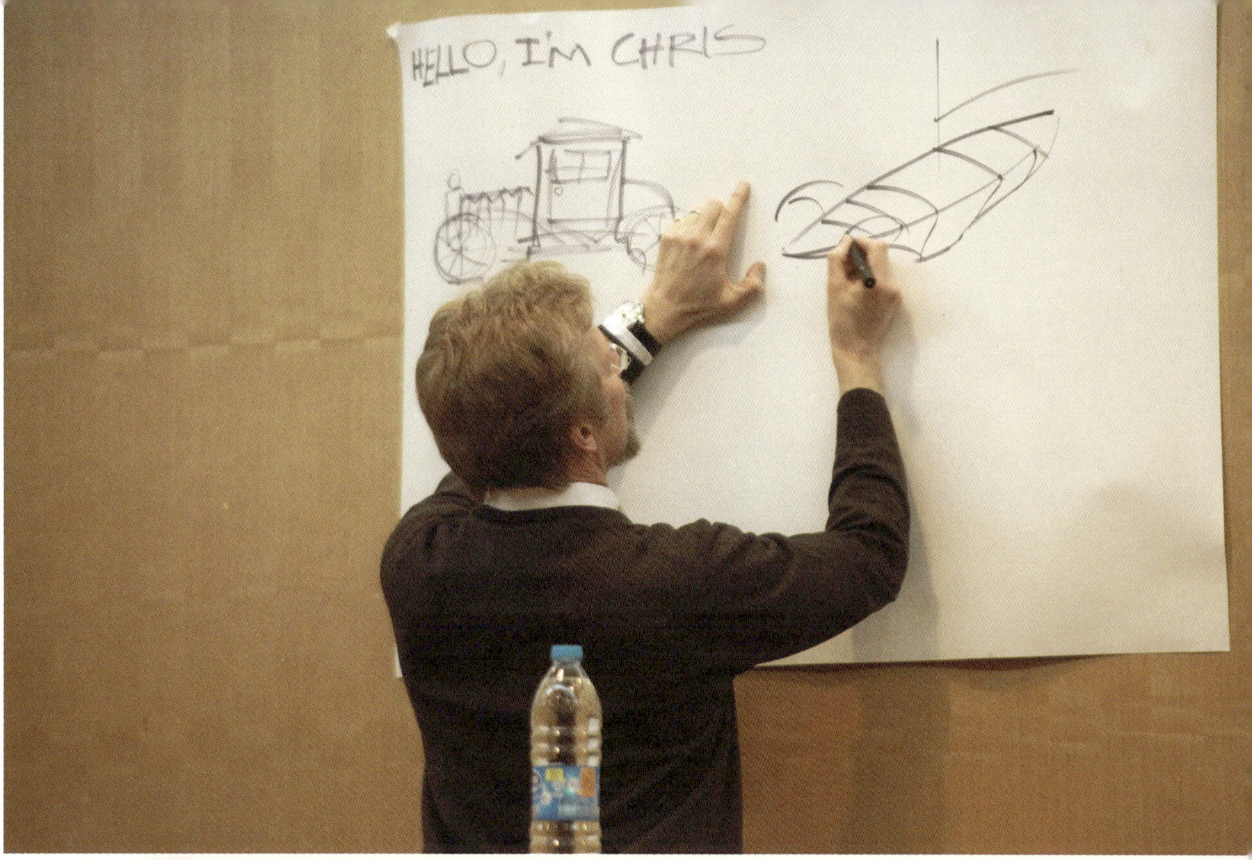

邦格以草图来说明汽车设计的发展过程。

腊神话中的塞浦路斯国王，也是一位技艺精湛的雕刻家。相传他性情孤僻，一人独居。他雕刻了一座表现他心目中理想女性的雕像，完成后竟对自己的作品产生了爱恋之情。于是他祈请爱神阿佛洛狄德赋予雕像以生命，阿佛洛狄德为他真挚的爱情所感动，在皮革马利翁亲吻了雕塑后就使这座美女像活了起来，皮格马利翁遂娶她为妻。邦格在这里引用这个故事，其实是想阐述“皮格马利翁效应”对于汽车设计师的重要性。在汽车设计的工作过程中，设计师对自己作品的期许如果高于其实际能力，这将会对最终成果起着非常大的正面影响作用。而在这种效应的影响下，收获的设计成果往往是非常优秀的。所以邦格说，汽车设计师要去爱自己的设计，要用满腔的热情让它最终成真。

**（2）关于汽车设计发展史**

一间小木屋、一艘船、一个电冰箱。这就是汽车设计的发展史？是的，这就是邦格用示意图给出的汽车设计发展史。邦格在纸上画了一个房子，稍加几笔就是一辆汽车；再画一个小船，同样加上一些细节，一辆车的外形就有了。他是为了证明1930～1960年代所有的汽车，它们看上去尽管造型不一样，但造型的基本原则是一样的，只不过加上了一些细小的装饰而已。于是，我们可以简单地把一个冰箱画成一辆车，这也就是所谓的箱式车。简单的盒子造型完全可以满足那个时候人们对汽车的需求。

邦格说最早的汽车是这样的：汽车车身全部由硬木制成，因为木材易于快速的加工，在这个过程中有大约50%的木材被浪费掉了。为什么福特早期的汽车全是黑色的？因为黑色的油漆干得更快。当时人们的想法就是让城市尽快运转起来，这是当时的需求，因此催生出了当时的汽车造型，几乎所有的车都是一个样子，我们无法通过外形一眼辨识出这是一辆福特还是凯迪拉克。

而到了1930年代，冲压机的出现使这一切彻底改变。大块的钢板很快就能被冲压出不同形状的表面，市场的需求也有了变化。汽车不能再只有一个相同的外形，设计师的工作开始介入汽车产业，为不同市场需求提供不同的汽车造型。此外汽车还被要求速度更快，于是在当时诞生的各种汽车发动机也在性能参数上突飞猛进，当然这种进步也会影响到汽车的造型。

邦格列举了不同时期人对汽车的需求。在他看来，刚刚诞生的汽车只是满足了人们最基本的需求——代替行走。而1930年代时，汽车设计则达到了可以被称为“艺术”的阶段，可以说那简直就是汽车艺术的黄金年代，当时的人将所有的汽车造型几乎都尝试了一遍。可是，回到近代，特别是1970年代的时候，人们开始把车想象得更为实际，过分注重车的实用性。这种想法来自欧洲，美国人当时对此很不理解。那个时期汽车的产业化使汽车产品变得越来越便宜，大量生产的汽车就像是田野中跳出来的一只只兔子——所有的兔子都一样——所有路上跑的汽车看上去也都差不多。我们

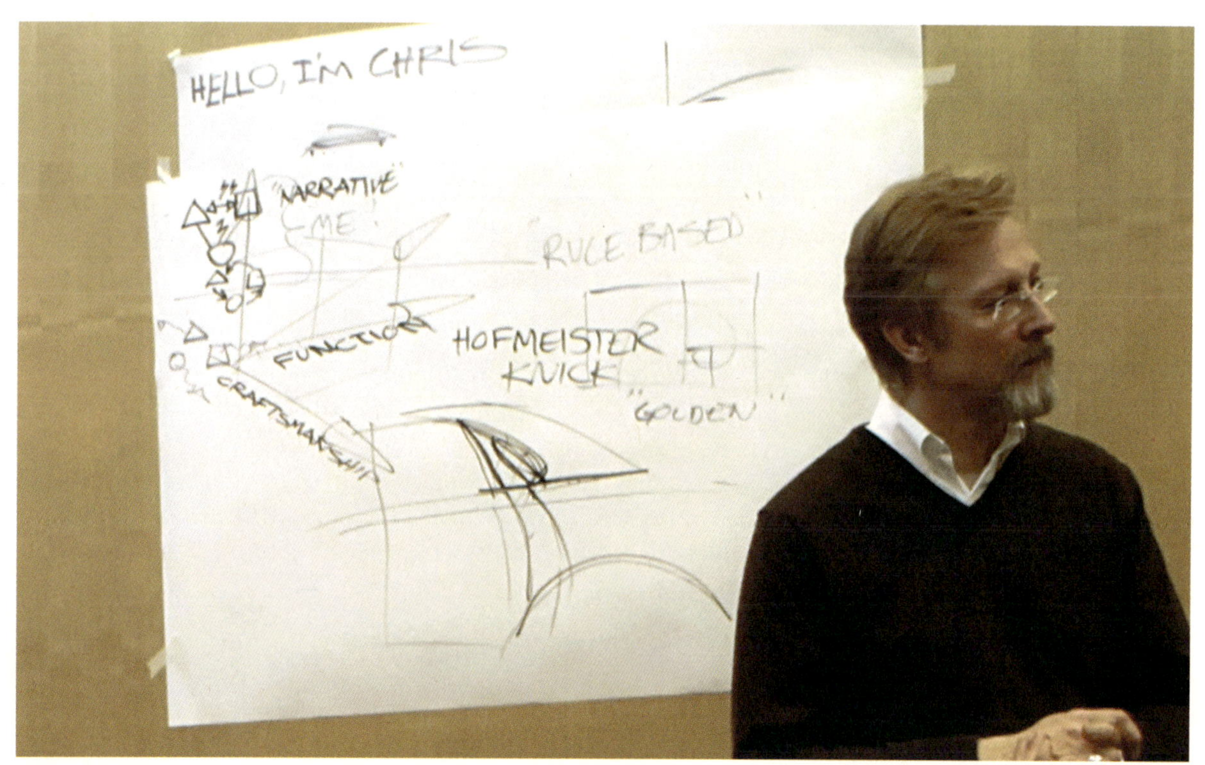

似乎一下子又回到了那个无法区分品牌的年代，汽车设计又掉回到了满足人们最基础需求的造型低谷。

为什么会这样？邦格说，如果品牌的追求只是市场，而失去了自我追求的话，必然会出现这种状况。同样，作为汽车设计师，如果设计方式、工作方法和追求的目的都一样，那最终设计出的产品相像也就很正常了。当我们在这种所谓的追求“完美”的设计过程中工作时，实际上只会把注意力过多地集中在相当数量的细节考量上。所以，设计师要有自己的大脑和自己的思维方式，只有这样才能保证产生最完美的设计。

对此，邦格认为，英文中“automobile”和“car”对设计师而言应该是两个不同的概念。“car”代表了“你”，而且只代表“你”——汽车拥有者和驾驶者；而那些其他的交通工具，比如火车和飞机，所有乘客都是在规定的时间上车和下车，可以说人对于交通工具没有任何的自主性。而“car”不同，你可以选择自己的驾驶时间，也就是选择你自己的方式。这就好比人选择走路或骑马，速度是差不多的。但是拥有了一辆车就不同了，你可以说：“管他呢，我要先过去了”，“嗖”的一下就开走了。大家都看过美国电影“阿凡达”，其实“阿凡达”在印度语里的意思是“他我”，在“本我”和“他我”中，车就是“阿凡达”——在某些情况下代表着驾驶者本人。所以，设计师该考虑的不是那个已经有轮胎、有发动机或者有悬架的车，而是要去想象一下，另外一个“我”到底应该是什么样子的。

**（3）关于汽车与设计**

“那么，什么才是汽车？”邦格的提问对不同的人来说，答案也会各不相同。他说，有的人会在自己的车里吃东西，有的人会放很多的物品在车里，还有很多人提到自己的车时则是有很多的烦恼，他们会说“我这辆该死的破车”。而汽车设计师认为，汽车是一件漂亮的东西，我们可以开着车，载着漂亮的姑娘去往各种地方。有一句谚语：“你建好一座城市，人们自然会来”，那么你做好一辆车，漂亮的姑娘也会来。

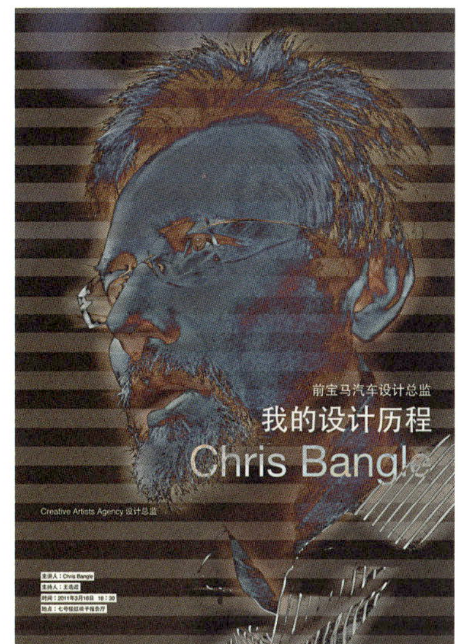

邦格公开课的海报，他十分喜欢这张招贴，所以特意与海报设计师、中央美术学院研究生伏传乐合影。

汽车的造型和性能到底是什么关系？我们在汽车造型的设计当中应该以什么为基础？对于这两个汽车设计中重要的问题，邦格期望在场的听众尝试从另外两个问题中找出答案：1. 汽车对于人来说意味着什么？2. 怎样去造一辆车？邦格说，后面的两个问题在他看来是汽车设计的基石，这两个问题答案的改变也会给汽车设计带来改变。

邦格认为，汽车应该是一件艺术品，汽车的精神表达来自于本身的造型，而造型在实际的设计过程当中，又会跟随人对车的不同要求而发生变化。这种变化同建筑的风格变化类似，回望几个不同时期的建筑，会明显看出他们所处的不同历史时期而导致的建筑风格也大不相同。著名设计师沙利文曾经说过一句名言：“形式追随功能”。在汽车设计的过程中，作为设计师应该审慎地去把握这句话的含义。与此同时邦格试着将两辆常见汽车的图片简单地相互叠加在了一起，于是一辆上半部分和下半部分分属两个不同品牌的汽车诞生了！以这样戏谑的方式是希望学生去思考形态对于汽车到底意味着什么。尽管很多汽车采用了尖端的技术和一流的科技，但在当时人们并不一定会认可这件产品。也就是说当人的认识不断发生变化的时候，他们对于汽车的定义也是要不断变化的。

同时，在汽车形态受限于制造方式的时代，制造技术是怎样的，就决定了汽车最终是什么样的造型。来看看1930年代的卡通形象，像米老鼠这样的一些卡通形象就是由不同的圆组成的，这就是因为受限于了当时的手绘卡通制作技术，人们发现，只有圆是最好画也是最省力气的。那么，在制造技术不再限制汽车生产的时候，汽车设计师自然就有了更大的发挥空间，你可以尽情地去发挥你的艺术能力。

## 3. 工作坊

### （1）第一天 DAY 1

第一天的工作坊由两部分内容构成。

首先是由学生按照昨天邦格布置的任务进行陈述，分别就自己收集的目前在中国市场上可见的汽车图片进行讲解，要明确地表达出为什么自己认为某款车是好的或者是不好的设计，另外也要阐述两款自己喜欢的车型设计的原因所在。这个环节的任务每个学生大约有五分钟左右的时间。邦格期望通过这个环节来了解他眼前的这帮中国学生是如何感受汽车的。

在完成这个环节之后，紧接着的分别是三分钟和五分钟的快速草图绘制。邦格首先要求学生把自己认为是不好的设计的车型以草图方式绘制在A3纸面上，然后将所有草图上墙，由他进行讲解。讲解的内容除了对草图技能进行辅导之外，邦格希望能够直观地了解学生对于汽车的表现能力和理解程度。他在这个环节中也和学生大量探讨了学生评价设计的标准。讨论的角度十分广泛，包括能源、市场、色彩、材料、风格甚至个人好恶在内。完成上述内容后，邦格将所有草图重新指定了新的绘图者，要求学生对被分配到的别人草图中所描绘的车型，重新用八分钟的时间再次绘制。他认为这样的过程有助于学生不断地去理解汽车，也能真正地绘制出“为了汽车设计而画的草图（Sketch for car design）”。对于在设计教学中引导学生建立对汽车的感知而言，这确实是行之有效的一种方法。

下午进行的第二部分内容与上午进行的循环训练类似，但邦格在课程中进行了更多的讲解和与学生的互动。特别是在学生阐述自己想法的时候，邦格会从不同的角度引导学生深入思考关于汽车概念的存在方式和发展走向，同时将自己对于汽车设计的很多体会传递给了学生。

第一阶段的工作坊现场，学生借助 PPT 汇报自己选择的车型。

学生在工作坊中绘制的快速草图。

邦格会亲自动手为学生进行草图修改，而在修改的过程中，他强调的并不是技法上的表现，而是修改的原因。很多时候，这些原因都是与学生应该如何去认知汽车相关联的。

邦格在认真聆听每个学生讲解的同时，也在一卷长轴纸卷上不停地以草图和文字结合的方式进行着记录。他的记录方式非常有意思：因为无法记住中国人“奇怪”的名字，所以他首先给每个汇报者画了一个头像，在此之后，则将汇报者陈述的各种原因以关键词的方式记录在头像下方，当然也会适当地补充小的图形，使记录更加清晰。而这些记录的量大得惊人，邦格却一直在一丝不苟地做。全部汇报完成后，这些记录被悬挂在工作室的墙上，成为这次工作坊的工作起始文件板。接下来学生包括草图在内的所有工作内容都将张贴到自己的头像下方，这样所有人都可以清楚地看到自己和别人的设计发展是否与最初的出发点吻合，而且可以清楚地看到整个设计工作的全部过程。邦格则期望以这种方式来清楚地看到学生思维变化的进程。

邦格以自己独特的方式在记录所有学生的汇报，并将汇报内容形成了整个工作坊的起始文件板，为后续工作展开形成了良好的开端。

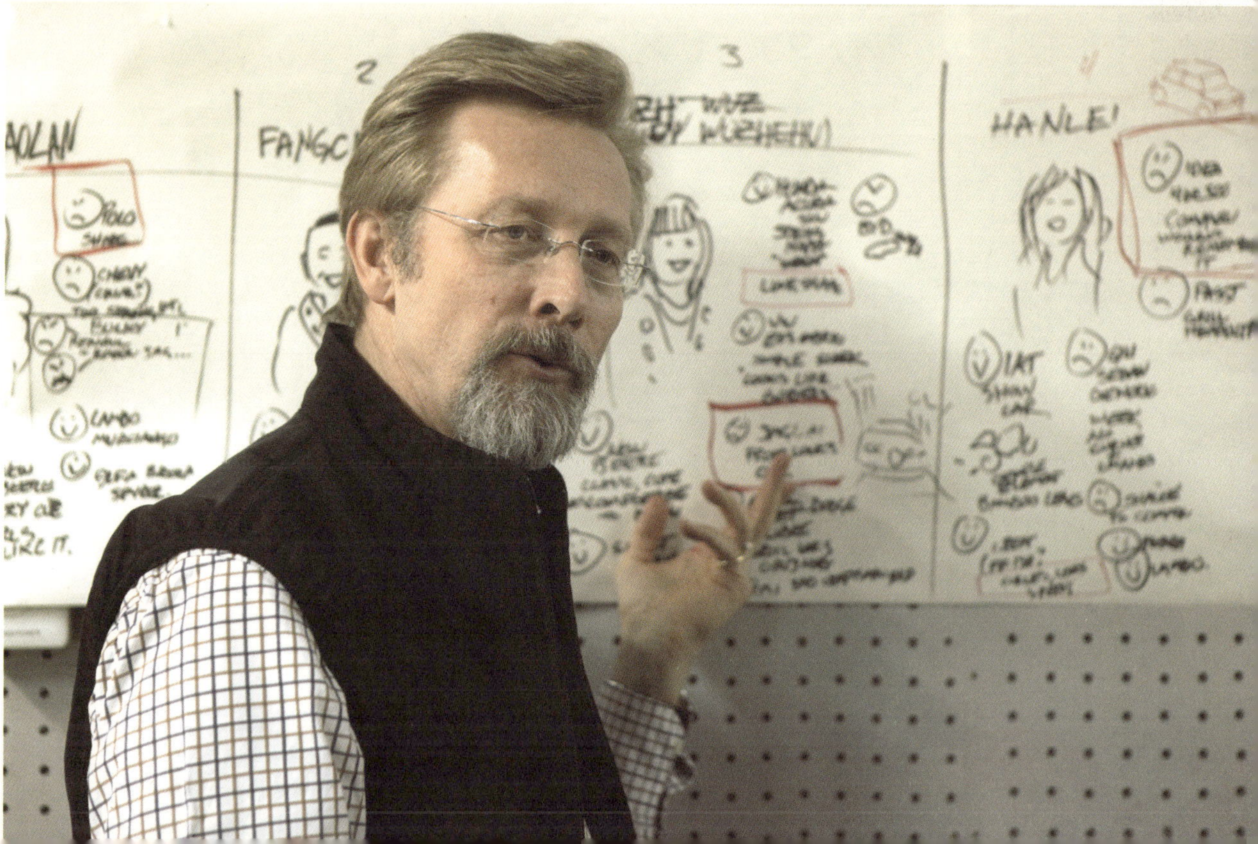

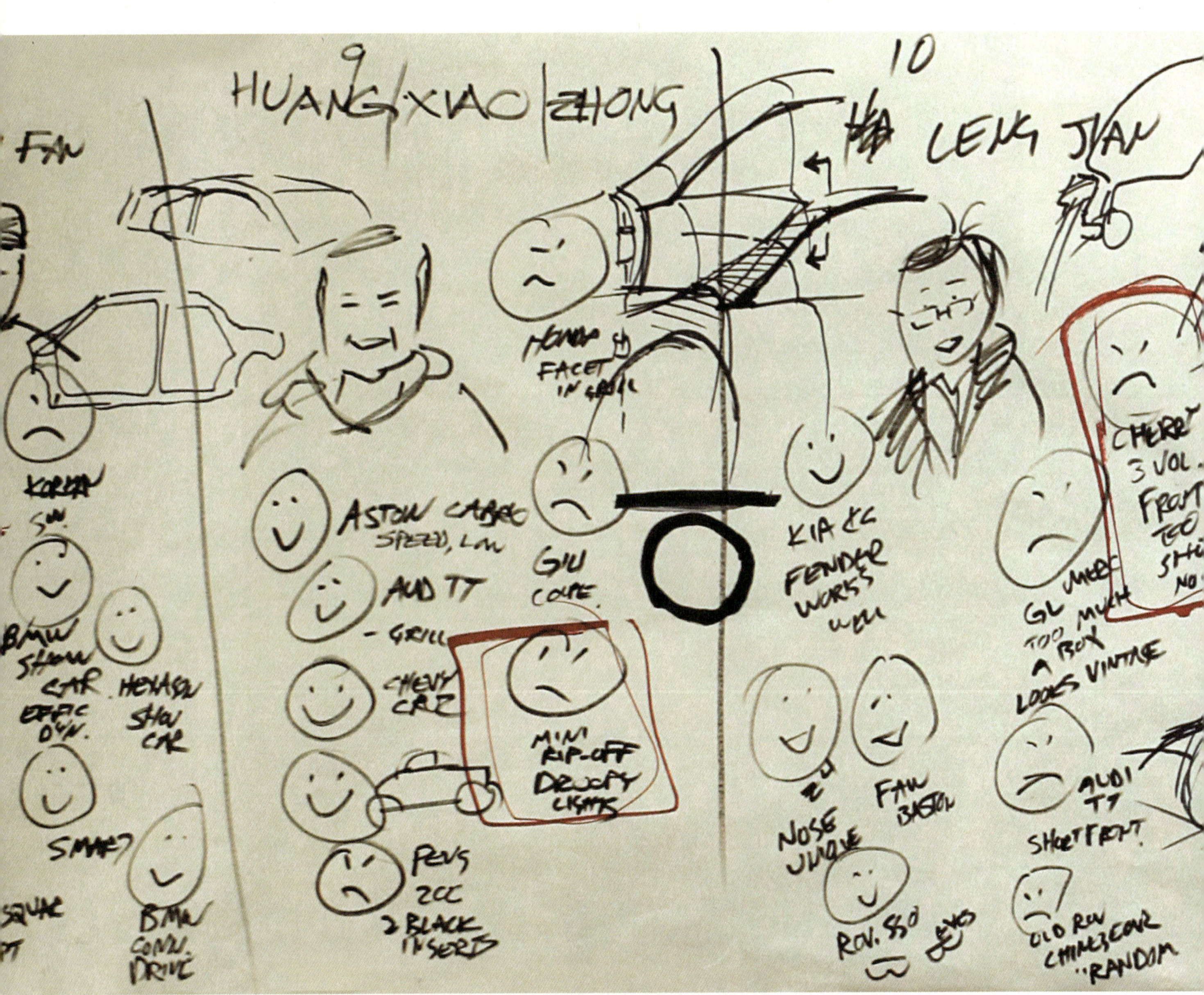
9
HUANG XIAO ZHONG
10
LENG JIAN
ASTON CABRIO
AUDI TT
CHEVY CRZ
MINI RIP-OFF DROOPY LIGHTS
FACET IN GRILL
KIA
FENDER WORKS WELL
AUDI TT
LOOKS VINTAGE
2 BLACK INSERTS
BMW SHOW CAR
SMART
BMW

SUNYUANCHAO
TRYING TO BE CUTE?
NISSAN MICRA
VW JETTA 4DOOR
VERY CLASSICAL
NO CHANGE
FAMILY LOOK
LOOK LIKE CRAFTSMANSHIP
AUDI Q7
STRONG PREZENCE
TIGER IN ITS POSE
VERNA HYNDAI
BYD F3
CHARACTERLESS
FORD FOCUS
FLUID LINES + SPORTY
WANG J.J.
BMW 3 SERIES
CHINESE BRILLIANZ
BAD COPY
DISTORTED NOZE
CHERRY A5
OLD HYUNDAI SONATA
PT CRUISER
TOO ROUNDED
BYD i6
LOOKS LIKE CAMERY
VOLUME + SOLID
CADDI CTS
MASCULINE

工作坊的起始文件板。

**邦格说**

关于汽车设计师：

“作为汽车设计师，有时候可能遇到的情况是首席行政官走进来，他看到一幅图，然后问是谁画的，这时候你需要很确定的站起来回答：这是我的设计。一个好的汽车设计师很重要的特点之一就是你能够向企业的决策者来讲述自己在设计中是怎么想的。要记住，没有任何其他人可以替代你自己去描述你的设计，这是一种非常巨大的能力。你需要有这种能力，它是做设计的自信心，同时也是设计工作内容的一部分。”

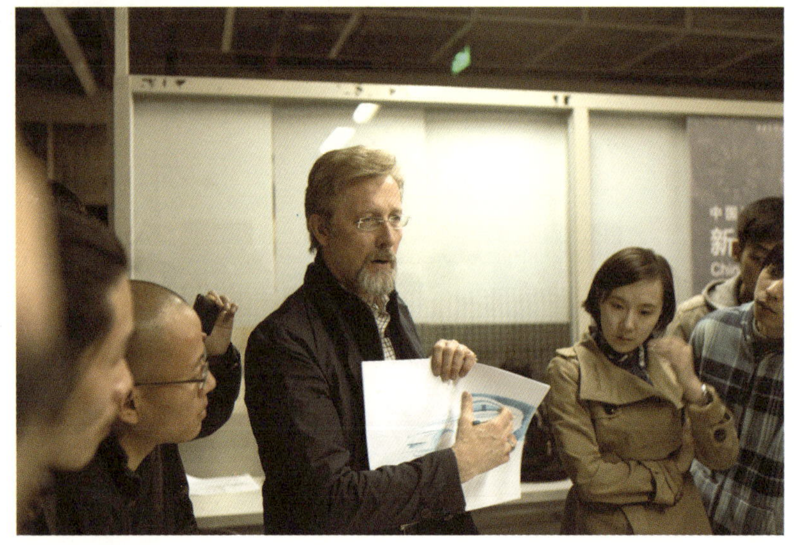

关于草图：

“设计师画草图的时候，需要的是一种感觉，这种感觉就如同你听到有节奏的音乐就会跟随起舞一样，基本上你们需要能够用马克笔‘舞动’出你们的方案。画图前，你们可以放松一点，深呼吸然后跟随你的感觉来画。当然，大家应该画更多草图来练习，让草图变成一件有趣的事情。我觉得做汽车设计最重要一点就是我们要学会怎样好好地画草图，让草图来说出你的设计意图。”

关于设计责任：

“驾驶的乐趣在过去50多年来，逐年在消减。我们可以想想过去50多年来，有了越来越多的车和随之而来的越来越多的道路交通规则；甚至连车的系统中都会有自动时速限制的功能；我们多么容易就可以接到一张罚单。驾车的乐趣与汽车诞生之初来比较简直越来越少了。这其实是给设计师的一个题目，甚至可以说是一种使命——设计师怎样在这种情形下给予驾驶者新的乐趣呢？做这样的设计难道不比仅仅画一些美丽的曲面有意思多了吗？”

邦格在讲述设计责任。

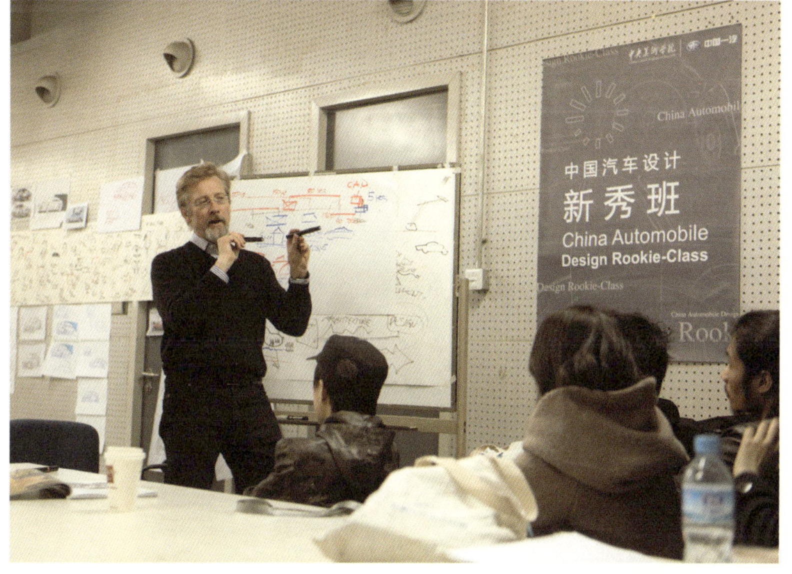


汽车设计的PSD原则：

“当你第一眼去看一辆车，并且被它深深吸引住的话，那么这辆车一定是有三个地方令你非常满意：Proportion（比例）、Surface（曲面）、Detail（细节）。所以设计师在做设计的时候，肯定也要去关注P、S、D这三个字母。”

（2）第二天 DAY 2

第二天的工作坊的工作内容，基本与前一天的结构类似：包含了需要由学生完成的“You”和由邦格完成的“Me”两部分内容，邦格在今天的工作中明显地加大了“Me”的工作内容，他希望将自己更多的思考传递给学生。同时不同于前一天的是，在今天的设计环节中邦格给出的题目是：设计未来的中国汽车（Cars in China Future），这个题目要求学生针对他们选出的不好的车型设计，进行改良设计。事实上，这也是前一天邦格所布置的家庭作业。邦格要求所有学生将完成的草图张贴在前日由他亲笔绘制的工作坊的工作起始文件板下方与自己名字对应的位置，然后他会结合之前学生提出的导致设计存在问题的原因去比照新完成的设计草图，给出学生具体的建议。同样，这些建议的切入角度是多元化的，涵盖了汽车设计的方方面面，也包含了邦格几十年的从业感受。他希望以此能够启发学生的思维方式。

学生进行的改良设计草图表现。（作者：马珂）

学生进行的改良设计草图表现。（作者：马珂）

17 ZHENG YONGAN
19 QIAN HONGKUN
MAKE
BMW 3 SERIES
CHERY QQ CUTE
BUICK REGAL
PT CRUISER TOO ROUNDED
CHERY A5
AUDI TT ORIGINAL

学生在工作坊的第二天提交的草图，是对之前自己认为存在设计问题的车型的改良设计。

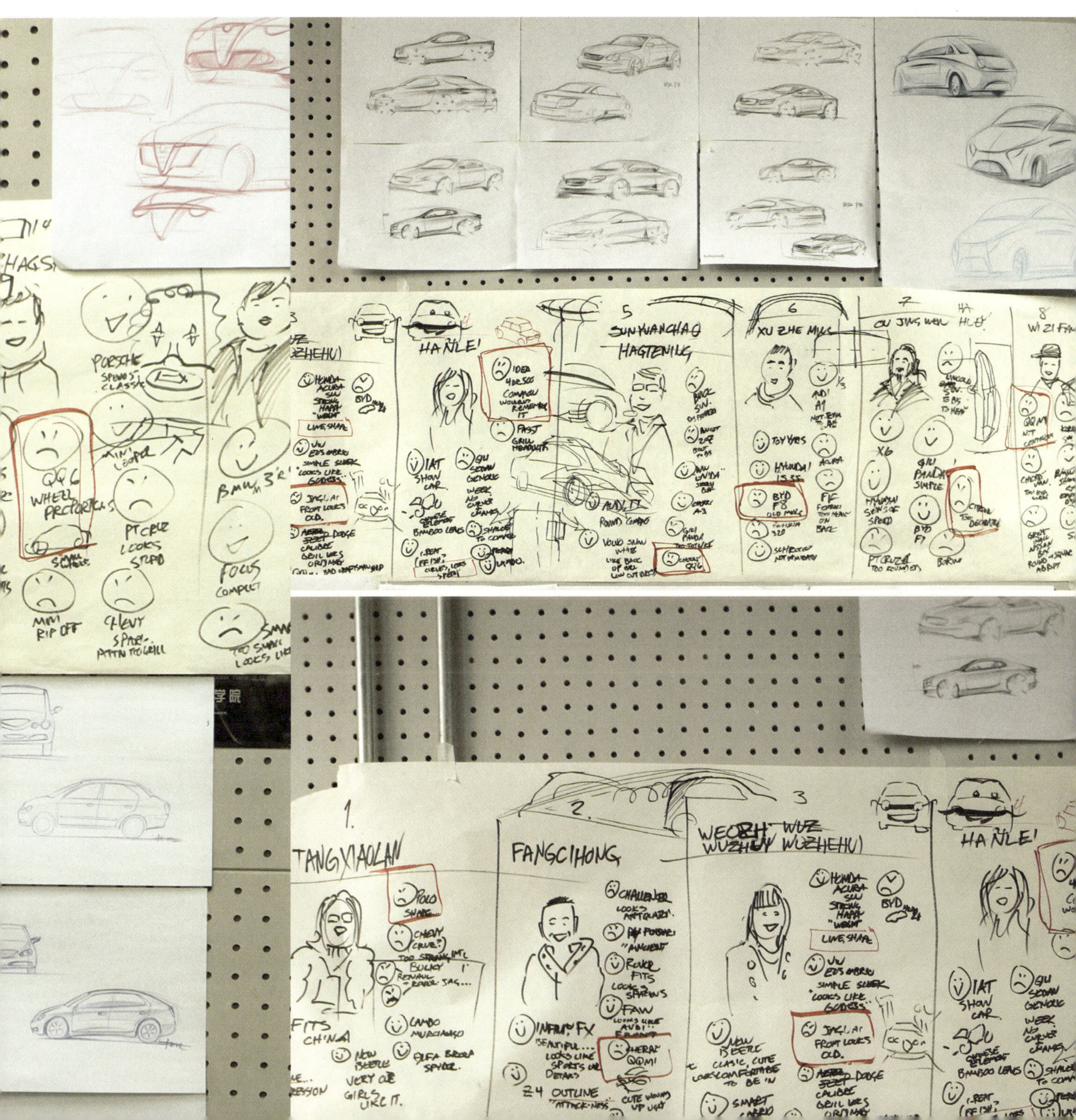

邦格与学生进行草图交流的现场。

作为很多学生的偶像，邦格在课程中显示出了很多平易近人的地方：比如他特意从意大利带来了一盒巧克力饼干与所有学生分享。在笔者看来，邦格的很多教学方式是在调动学生的学习气氛和积极性。当面对中国学生不善于言辞、相对沉默的场景时，邦格会使用极其夸张的肢体语言鼓励他们，让学生迅速放松自己，跟进他的教学进程。

当天下午，邦格为所有学生进行了讲座授课。这次讲座的主要内容是介绍他自己的汽车设计学习和从业经历。平时学生们对于邦格的了解大多是通过互联网而获得的，所以讲座中的很多内容是完全崭新的信息。可以说通过这些内容，学生真正的零距离接触了汽车设计大师，了解了他的经历和他的主张。更关键的是，邦格在这个讲座中反复强调自己在不同时期的设计主张，以及为什么会产生这种变化，这些阐述无疑会对学生的设计思维产生重要影响。

**邦格说**

关于汽车设计、建筑设计和艺术：

“在汽车诞生的早期阶段人们会把车做得尽量像一间房子，而在很长的时间里建筑其实也在做同样的事情；当汽车开始被许多装饰性内容包围的时候，你也很容易联想到巴洛克风格——对建筑行业来说其实已经是150年前的事情了；现代主义对于汽车设计发展的影响非常关键，那么对于建筑不也是这样吗？CAD技术最早是用于汽车设计中的空气动力学分析，现在CAD技术对于建筑设计来说简直是不可或缺的工具。我们来想象一下西班牙毕尔巴鄂和美国纽约的古根海姆博物馆，作为汽车设计师，你们可以很轻松地画出古根海姆博物馆吗？”

邦格在提到古根海姆博物馆的同时，也说起了 Z4。当两张图并置在一起的时候，也许我们会从中发现某些关联？

“不得不承认，许多现代建筑很难被画出来，因为有太多的复杂形面和高科技因素蕴含在其中。那么来想想汽车设计吧，像‘鸟巢’这样的建筑对于我们来说，其实是与汽车中的‘概念车’非常类似的。不知道各位觉得鸟巢实不实用？起码从造型角度来看‘鸟巢’很多时候更像是‘概念车’——非常吸引人的眼球，造价高昂而且你只会去做一辆。也许它不是很实用，但是必须看起来很酷，这种设计逻辑跟量产车型是完全不同的。”

关于设计对象：

“我觉得艺术是由三部分内容构成的：真理、美和爱。尤其是爱，爱是一个非常美好的单词。当你对某种事情了解的程度达到你几乎已经成为它的时候，你就真的已经爱上它了。作为汽车设计师，你首先要爱你的设计对象。通常当我们谈到这个的时候，很多人会皱眉头。事实是你能不能做到去了解他们——就是将他们变成你自己一样的思考——这将决定你的最终设计能否成功。”

“大家再看这把椅子，你们觉得这是设计作品还是艺术创作？各位可以看到很多这样的椅子设计或者小型家具设计，他们会被很多设计杂志收录，当成设计作品来展示。当然你还是照样能去坐这把椅子，因为它就本来具有功能性。有时候，这也是人们区分艺术与设计的一个标准：有功能的物品是设计，而艺术表现的对象则通常是没有功能的。但请各位注意，建筑也是具有功能性的，但很多时候人们还是会将建筑归于艺术之中，你们也可以经常在艺术类书籍中看到建筑，但你几乎不会在艺术类书籍中看到车，这种现象正常吗？难道是因为汽车的技术和工程含量太多了？”

关于设计师的价值：

“理解未来的设计师如何工作，就首先要尝试描述车在未来是什么样子的，以及我们怎样去造车。而描述未来的汽车其实就是设计师的实质工作，它要受到很多事情的影响。但造车方法却将不可避免地改变我们的设计方式，甚至颠覆汽车设计的概念。假设我们现在需要用六年的时间把一辆车造出来，这个时间包括了从研发到最后上市的过程。而在未来这些可能只需要七天的时间，你觉得这是不可能的吗？不，这完全有可能。按照目前的技术发展水平，电脑控制的制造工具将变得极为便捷，虚拟机械和虚拟测试则在生产过程中大量应用，所有的设计手段也都变成虚拟的。唯一无法通过技术加速的就是去理解你要设计的东西，也就是搞清楚你想要什么，这个过程是无法用技术来替代的。”

## 4. 课程总结

设计思维，对于汽车设计而言，它是无法用类似于技能培训的手段进行教学的。在与邦格进行的前期交流中，他也认同这种观点。所以，这期工作坊的主题定为“汽车设计思维”对于双方而言均是一种挑战。但我们同样也都认为，思维对于汽车设计师而言是十分重要的，所以需要在课程中找到一种适合的方式来展开教学。

邦格采用的方式就是谈话，并且谈话是建立在学生发现问题和解决问题的基础上进行的，而邦格自己的设计经验和感悟，包括他的学习和工作经历则成为了谈话的坐标，把握着谈话的走向，以此去影响学生的思维，让学生开始思考诸如如何去认知汽车的定义，如何去开始设计工作，如何去把握客户需要和如何界定汽车设计与艺术的关系等问题。这些思考对于学生而言，不同于通过技法课程可以明显看到自己的学习收获，但是在学生后续的高阶学习阶段，特别是进入汽车设计行业工作以后，将充分感受到这种学习的益处所在。

唯一的遗憾是这次工作坊时间相对紧促，学生对于很多内容尚处于浅尝辄止的阶段。其实对中国的汽车设计教育而言，如何能将一线的、有经验的设计师请进校园，通过各种方式为学生带来行业中最直观的经验，是十分重要的。目前在国内诸如此类的产学合作课程会受到客观条件的限制，但相信在未来一定会变成教学的常态。这次工作坊的另一个目的，就是期望能尝试去探索这种教学方式的执行。

## 5. 并行课程

并行课程教授：中央美术学院博士生导师、研究生处处长 许平

许平教授担纲人文课程讲授，开设“日本美学与设计”讲座，提升同学们的人文素养。

并行课程教授：中央美术学院设计学院12工作室导师、副教授、著名艺术家 吴永平

吴永平副教授主持了中国汽车设计新秀班学员在其工作室进行的艺术调研课程。

## 6. 所需材料清单

A3画纸 100 张以上

黑色或蓝色彩铅 12 支以上

纸胶带 若干

马克笔 灰色系列、黑色、彩色若干

色粉 18 色

彩色铅笔 18 色

裁纸刀 1个

裁纸垫板 1个

三角板、直尺 1套

圆模板1套

## 7. 学生感受

“紧张与快乐是我参加此次课程的心情，能与汽车设计大师邦格面对面交流学习，我想这是任何学习汽车设计的学生的梦想。但就是这样一位大师，却令人不可思议的和蔼可亲。他对于汽车设计的态度和独到见解深深感染了我们。课程的内容是对车型好坏作出评判，并进行改良设计。比例协调和结合用户需求是邦格不变的两个评价标准。与他的沟通深深地触动了我的神经，甚至对我现在在工作中如何去定义汽车设计，还在产生重要影响。”

新秀班学员　马珂

# 工作坊四：汽车设计方法与流程

## 与奥迪一起工作——“My Mobility”汽车设计工作坊

**地　　点：**北京中央美术学院设计学院教学楼二层多功能教学空间及设计学院综合教学空间

**关 键 词：**汽车设计　概念　意象　方法　流程

**参训人员：**来自全国各高校的第三届中国汽车设计大赛获奖者、中国一汽技术中心设计师和中央美术学院设计学院相关专业学生

本次工作坊采用了团队合作完成项目设计的工作方式，共有五个设计团队并行工作。因此，工作场所遍布中央美术学院设计学院教学楼内——教室、工作室、咖啡厅、公共空间，一切可以激发团队工作灵感的场所，均可使用。而方案讲评和发布则集中在设计学院的二楼综合教学空间。

**授授课教师：奥迪北京设计团队（Audi Design Team Beijing）**

这次的团队由三位奥迪设计师、一位来自伦敦皇家艺术学院的汽车设计专业实习生和一位奥迪战略部门的管理人员组成。他们分别是：Wouter Kets、Fabian Weinert、Sandra Hartmann、Lena Knab、赵鲁。

## 1. 工作坊综述

德国汽车企业奥迪自从进入中国市场以后就一直表现不俗，其设计当然是功不可没。奥迪的设计风格十分新锐，是德国汽车设计的典型代表之一。其设计团队也非常重视奥迪产品的设计如何更符合中国国内用户的感受。在多次考察确认后，奥迪正式在北京设立了奥迪北京设计团队（Audi Design Team Beijing），并从德国设计总部派遣了3名设计师来到这里工作，以期待寻找符合中国文化的设计元素。而奥迪北京设计团队的首个与院校合作的项目，就是这次主题为“My Mobility”的汽车设计工作坊。这个由一线设计师和品牌战略人员构成的团队将尝试以奥迪的工作方法来引导中国学生，完成对于未来交通工具的设计。

位于北京798艺术区的奥迪中国研发中心。

通过前期的工作坊，学生已经分别从汽车设计基础、研究和设计思维三个方面接受了不同导师的培训，对汽车设计形成了较为完整的认知。作为教务主管，笔者在本次工作坊的课程设计过程中与奥迪设计团队进行了多次沟通，期望所有学生能够在前期学习中积累的基础上，跟随奥迪北京设计团队一起来模拟完成一次简洁版的“全流程”设计，以此了解国际知名车企的设计方法与流程，形成正确的汽车设计学习方向，并为整个的集训学习完美收官。

为此，奥迪北京设计团队制订了严谨的工作计划，在四天的工作坊过程中，每天有独立的工作目标：

第一天——工作开始（Day 1，the Beginning）；

第二天——概念（Day 2，the Concept）；

第三天——设计（Day 3，the Design）；

第四天——最终发布（Day 4，Finals，the End）。

工作坊包含了八个环节，分别是：

序言——团队+主题+标志（Preface—Team + Theme + Logo）；

意象语境（the Mood）；

主题概念（Mobility & Theme Concept）；

包装（the Package）；

草图（the Sketches）；

设计（the Design）；

最终篇（the Final Page）；

展板发布（Board Presentation）。

每完成其中一个环节之后，均有针对此环节的专门发布。由于本次工作坊将学生分成了五个设计团队，每次的发布也就成为了团队互动的重要机会，不同团队之间可以互相汲取经验和启发，形成良好的工作环境和设计氛围，这也是正在学习汽车设计的学生所应该去感受的专业工作方式。最后的展板发布环节，要求每个设计团队用一张展板将自己的

Day1,The Beginning

10:00 Welcome + Introduction
10:30 **Chapter1**: Preface ( Team + Theme + logo )
12:00 Presentation

14:00 Team Theme Brainstorm
15:30 **Chapter2** : The Mood
17:00 Presentation
18:00 End of Day 1

Day2,The Concept

09:30 Warmup,Creativity with Coffee
10:00 **Chapter3**: "Mobility&Theme"Concepts
11:30 Presentation
Lunch
13:00 **Chapter4:** The Package
17:00 Presentation
18:00 End of Day 2

Day3,The Design

09:30 Warmup,Creativity with Coffee
10:00 **Chapter5**: The Sketches
Lunch
13:00 **Chapter6:** The Design
17:00 Presentation
18:00 End of Day 3

Day4,Finals,The End

09:30 Warmup,Creativity with Coffee
10:00 **Chapter7**: The Final Page
Lunch
14:00 **"Board Presentation"**
17:00 Free Beer for Everybody
18:30 The End

奥迪北京设计团队制订的工作计划异常严谨，每个环节所进行的工作内容均有明确标示。这个计划在随后的课程中得到了严格执行，所有的学生也从中感受到了职业汽车设计师的工作风格。

设计成果进行呈现，并阐述团队的设计理念。在这个环节中，奥迪中国的高级管理人员也将参与进来，除了体现奥迪中国对于本次工作坊的重视程度，更重要的是让所有学生体会到设计对于汽车企业的重要性和汽车设计师的职业责任所在。

与奥迪一起工作，学生收获的不单单是与著名品牌设计师一起工作的荣耀，更重要的是近距离体验职业设计师严谨与活力并存的工作方法与状态。在工作坊进行过程中，学生随时可以感受到奥迪设计师的严谨——所有的工作均按照计划一丝不苟的推进已然是基本的必修课，而每个环节所用的绘图纸张竟都有统一的格式并标注所处的流程环节则令人感叹。当然，奥迪设计师在工作过程中表现出的创造力和对于事物的关注力，也对所有学生产生了深刻震动。从工作坊过程、最终的作品发布以及奥迪方面的评价来看，此次工作坊的课程完全达到了最初的设计目的——通过与一线设计师一起工作，使学生了解和学习知名车企的设计流程与方法。课程结束后，有两位学生（分别来自中央美术学院和北京工业大学）加入了奥迪北京设计团队，成为奥迪中国的汽车设计师，这也许是对本次课程的最好评价。

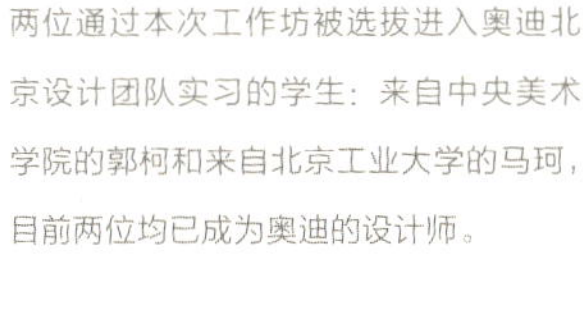

两位通过本次工作坊被选拔进入奥迪北京设计团队实习的学生：来自中央美术学院的郭柯和来自北京工业大学的马珂，目前两位均已成为奥迪的设计师。

教务主管王选政老师为学生介绍奥迪北京设计团队。在工作坊开始前，王选政老师与奥迪北京设计团队有过多次沟通，以确定课程内容符合双方的需要。

本次工作坊以团队的方式展开工作，这是在进行分组后，由奥迪北京设计团队为学生提供完成环节一和环节二专用的纸张，从中可以看出奥迪设计师严谨的工作态度。

## 2. 第一工作日：开始（Day 1, The Beginning）

在工作坊开始之后，奥迪北京设计团队按照既定的计划与学生一道展开了工作。笔者力求以现场重现的方式，还原当时的工作场景。首先进行的是奥迪北京设计团队的自我介绍。

**现场：**

**王选政：**“各位，我们这期课程的主题叫做‘和奥迪一起工作’，我在这个课程的时候，只有一个目的：模拟一线品牌的一线设计师的工作流程与方法。我觉得大家还是蛮幸运的，奥迪十分乐意与我们共同合作来完成这次课程。而这次来的几位奥迪设计师，也都是目前在一线工作的。接下来的四天时间里他们将和大家一起工作，完成题目为‘My Mobility’的设计任务。一方面我希望各位同学能够从四天的工作当中获得你们需要的东西，也就是来自顶尖品牌的设计方法；另一方面，我也希望大家在这难得的机会中能够跟他们几位有非常好的互动。请大家掌声欢迎奥迪北京设计团队。”

Wouter：“大家叫我Wouter就好了，事实上我是荷兰人，我在奥迪的内饰部门（interior design）工作，很荣幸能够加入到奥迪北京的设计团队到中国工作，我希望在接下来的四天我们有一个更好的交流和互动，谢谢大家。”

Sandra：“我叫Sandra，我出生在西德，毕业后先在Smart工作两年多了，而后在奥迪的色彩与面料（color&trim）设计部工作了大约四年半的时间，很高兴认识大家。”

Fabian：“我叫Fabian，我在奥迪设计部工作大概有两年了，在外饰（exterior design）设计部工作，我和Wouter一样，都加入到了奥迪北京设计团队，将有两年时间会在中国工作。”

Lena：“大家好我叫lena，在伦敦皇家艺术学院上学，我加入奥迪设计团队主要是完成实习项目，我真心地希望在接下来这段时间能够与大家有很好的交流和互动。”

赵鲁：“大家好，我是赵鲁，来自奥迪中国战略部。我为奥迪品牌工作了八年，现在主要是和设计部门一起在组建北京的设计团队。今天我们特意派出了多位设计师，最初谈到这个合作项目的时候只有Wouter和Farbian两位，特别是Sandra是刚刚到的北京，lena也加入到我们这个团队里来。所以我今天很荣幸把我们整体的北京设计团队跟中央美术学院的汽车设计新秀班一起进行交流，希望能够在四天里碰撞出有创造性的火花，也能够给大家带来帮助。”

在此之后，由Wouter代表奥迪北京设计团队下达了本次工作坊的工作任务和设计主题，安排学生进行了团队搭建。共计有五个学生设计团队来参与课题，每个团队均配备一名奥迪设计师与学生一起完成设计任务。值得一提的是分组方式，学生没有选择权，而是按照座位顺序编号后，将序号递加了“5”的（例如1、6、11、16和21）的学生编为一组，以此锻炼学生的团队工作能力。

Wouter：“我知道，其实大家会希望跟我们有很多的互动，我们也希望能从大家那里获得到很多信息。我们会告诉并展示给各位我们基本的工作过程——我们是如何工作的；也特别希望大家告诉我们，你们平常是如何开展自己的工作和学习的。在接下来为期四天的工作坊中，贯穿的就是名为‘My Mobility’的交通工具设计项目，希望在接下来的时间里每个组要有自己的设计主题，这个主题要从我们给出的五个题目中选取，并且最后所有团队的题目必须与我们工作坊的主题‘My Mobility’相符。那么我们的五个团队分别是：‘Music Inspires’设计团队、‘My Roots’设计团队、‘Inside Out’设计团队、‘Urban Flow’设计团队、‘Connect Yourself’设计团队。”

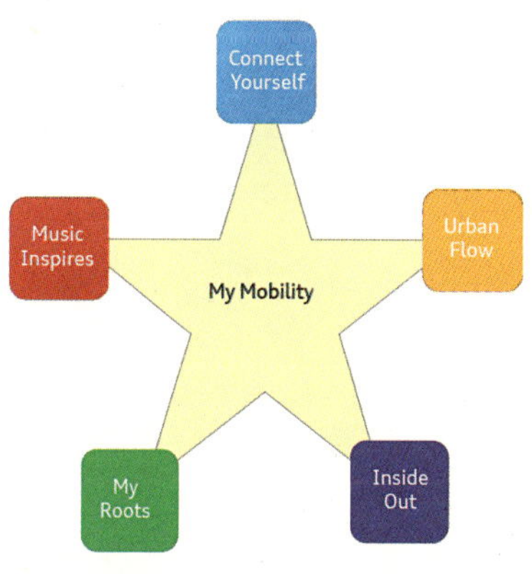

奥迪北京设计团队提供的 5 个设计主题

Wouter:“我们当然不希望这次课题大家都无功而返，所以我们会把四天的交流过程编纂成报告文件并汇报给奥迪设计的德国总部，我们将会提供样本案例给大家看。像一本好书会有好的开头一样（指的是本环节的题目——序言），我们会有一个非常好的开始来启动这四天的学习：请大家分成五个团队，并且每个团队为自己命名并设计出团队标志。十二点的时候请各个组进行发布，大家将有机会展示自己团队的诉求。在今天下午两点的时候，请各个组通过头脑风暴来确定自己设计主题的图形意象。明天早上在简短的热身之后，我们将会开始第三个环节——讨论‘My Mobility’概念以及相关主题。接下来的第三天，我们将针对大家的主题开展若干讲座（介绍奥迪的设计工作方法），让大家去交流和完成设计。最后一天就是你们的成果展示了，在经过三天的工作之后，我们会希望每个团队能够给大家展示各自的理念、创造和设计。”

环节一的主题为“序言：团队 + 主题 + 标志”，要求每个团队完成团队标志的设计和主题选择，并进行发布汇报。

“Music Inspire”设计团队第一工作日成果

环节一 —— 序言：

我们的主题是‘Music Inspire’，就是音乐带给人的感动。因为我们都是设计师，所以在创作过程中需要各种刺激，需要各种各样的东西所带来灵感和冲动，而音乐恰恰是一个非常好的选择。不同的设计师有不同的、情绪化的东西蕴藏在体内，音乐则能够激发出它们。当然，不同的情感在最后得到的方案也是不一样的。

“Music Inspire”团队在首日完成的标志与意象板。

标志主体是圆形和线条。圆形的含义就是‘Inspire’，因为我们觉得所有的‘Inspire’都和‘圆’相关，就是说‘圆’能够把我们的主题更加强调。而线条的形态是从五线谱联想得来的，我们团队正好有五名成员，五条线代表着五名成员不一样的性格，而且非常凑巧，我们每个人喜欢的音乐类型也是不一样的。”

环节二——意象语境：

“我们所寻找的思路可能跟其他团队有所不同，因为是从对音乐的直观感觉出发来工作的。开始的时候我们找寻了多种音乐类型，比如流行、古典、hip-hop等，他们都是风格差异很大的音乐，同时他们给予人的感受也是非常不同的。我们试着用人物的表情或年龄来诠释音乐给人感受的不同，并尝试将音乐结合到交通工具设计中去。这时我们首先联想到了城市——现在的城市交通给我们的感觉就像噪声一样，完全找不到任何像音乐韵律那种美好的感觉。所以我们就觉得人在驾驶的时候，应该享受到类似于听音乐的美的感受。

驾驶虽然是在相对独立的空间内部，但是这个独立空间不应当给人封闭的感受，而应该是像我们这里列出来的两个感觉——'平和'与'安静'，也就是当你闭上眼睛享受自己喜欢的音乐时的感觉。因此我们提供的图像意象主要是产生于自然，这些图像都是与自然向亲近的，从而产生我们的关键词描述——'平和'与'安静'。所以我们在接下来三天的设计中，也希望能通过设计给大家带来平静、清新的感觉，希望驾驶和乘坐我们的设计的人，可以体会到在城市中开车不仅仅是驾驶，而是在享受自己所真正喜爱的音乐。"

奥迪北京设计团队的五位设计师被分配到每个学生设计团队之中，与学生一起工作。这种方式的教学在汽车设计教育中是值得推崇的。

## “Inside Out”设计团队第一工作日成果

环节一 ——序言：

“我们组团队的名字叫‘Inside Out ——融’。经过前期的讨论，我们团队五个人都是来自不同的国家和地域——Wouter来自荷兰，其他成员分别来自武汉、云南、北京和河北。因此我们想把我们五个不同地域的背景融到我们这个标志里来，所以我们把自己地域名字的开头字母放进了五个不同的区域里；因为我们是在中国做这个项目，所以我们想在中国的文化背景中体现主题，标志的形态因此采用了红色的圆形。”

“Inside Out”团队在首日完成的标志与意象板。

环节二——意象语境：

“先说一下我们团队对未来汽车几个相关概念的感受。首先我们觉得未来的汽车应该是轻盈的，这样才能迎合节能的主题，在我们寻找的意象图像中，类似于布艺在内饰里的运用就能体现这种轻盈感。我们希望为未来汽车的内饰寻找布这种材料的感觉。由此我们产生了新的想法：未来汽车在材料质感上应当突破现有材料过于光滑的使用感受，所以我们从自然材质和人造材质等方面进行了尝试。同时我们认为既然是为中国所做的未来交通工具，那么中国人对于某些传统的和特殊的材料所独有的使用方式，例如像对紫砂和硬木等材料的特殊欣赏、把玩方式等，完全可以应用到设计上来，并从中找到材料上中国人的‘本我’感觉。”

在完成了团队标志的设计后，每个团队开始从奥迪北京设计团队提供的杂志中选择图像，来表达本团队所设想的交通工具是何种感觉的，即设计的灵感。

环节二的主题为：意象语境。奥迪北京团队在这个环节中给学生带来了一些日常生活中常见的各种杂志，要求学生从中选择图片，来表达自己团队想设计的对象的意象语境。

**现场：**

Wouter：“大家可能会十分乐于聚焦在关于未来和科技元素上，那我们就应该发掘你脑海中跟未来气息有关联的图像，并将其视觉化形成我们最初的设计感受，这样会方便大家集思广益地去讨论我们所设定的课题特性，事实上很多情况下设计师交流的桥梁和途径就是通过图像意象来进行的。”

Lena：“图像的力量是强大的，今天我们带来了很多杂志，大家可以根据自己的主题进行一些剪切，这是今天我们主要的任务。大家现在每个人都拿了一些杂志，在你们浏览完以后，剪切下自己需要的图像，没有用的请放回到中间来，然后其他的人员可以继续挑选和使用。”

Wouter：“可以把自己喜欢的任何图像都留下，并且可以分类。我们要强调的是大家互相交流的过程，所以你要把想法告诉团队的每一个人，你选择的图像怎么启发了你，以及如何产生了你需要的图像意象。”

“My Roots”设计团队第一工作日成果

环节一——序言：

“为了设计团队标志，我们进行了跨度很广的讨论，包括饮食、文化以及交通工具等，甚至包括了建筑的颜色。通过这些讨论启发了对于团队标志的联想。标志主要

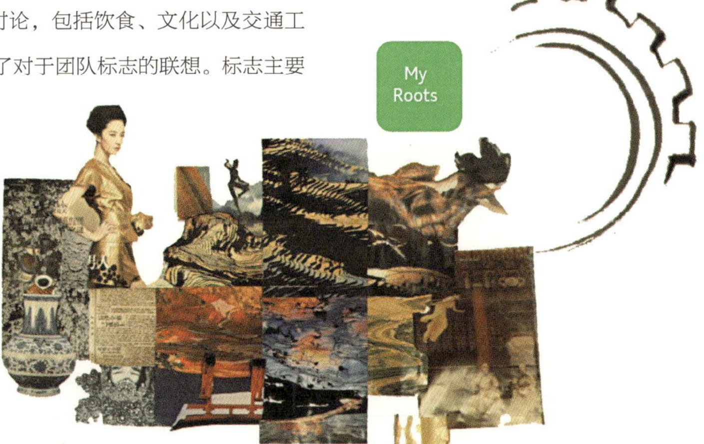


“My Roots”团队在首日完成的标志与意象板。

的方案是从中国的万里长城来衍生的，将其形态圆化，带有中国人所崇拜的太阳的形象，期望以此寻找中国人的根；同时标志的形态又如同汽车工业中使用的齿轮。”

环节二——意象语境：

“既然提到了我们的‘根’，那么我们团队在开始的时候就去找寻中国很原始的东西。我们发现了起伏的山峦，山峦给我们的感受就是没有过多的人为的内容在里面，是接近原始的事物。山峦的穿插感和造型走势又与汽车的某些造型手法有着惊人的相似之处，所以我们团队的灵感主要是来源于这里。当然，很多具有中国元素的首饰、服装、雕塑也给了我们很多启发，我们会从中提取比较接近自然的形态，以及某些质感，应用到我们的设计中来。我们也期望我们的设计是具有动态的、可变的感觉。”

### “Connect Yourself”设计团队第一工作日成果

环节一——序言：

“这是我们的团队标志。标志用的是中国传统文化‘中国结’的符号形式，它有几个含义：第一层意思就是代表我们团队有五个人；第二层意思是代表未来我们跟车之间的交互交流方式可能有‘五感’——语言、嗅觉、触觉、听觉和视觉；第三层意思则是我们每个人都会有社交的需要，而未来可能会有五种非常重要的社交方式——电话、网络、E-mail、传统邮件和人的肢体语言。”

“Connect Yourself”团队在首日完成的标志与意象板。

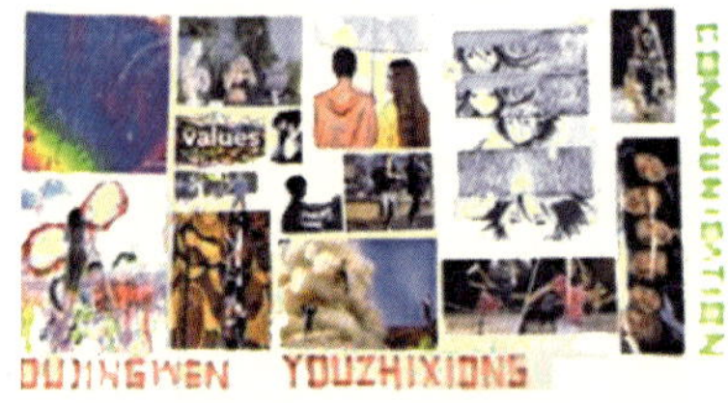

环节二——意象语境：

“上午我们设计了团队标志，在下午的工作中我们根据标志的设计对其含义进行了拓展，赋予这个标志四个表现主题：色彩、材料、交流、穿插的层次感。现在我们要一一陈述这四个主题以及我们用什么样的图像意象和方式去展示它们。第一是色彩，我们选用了中国红。红色可以有两个意象方向，一方面是代表中国元素的中国红，另一方面就是激情。我们将红色运用在汽车设计上也是有两个想法——既把中国元素融入到设计中去，又把激情也融入到汽车里面去。第二是关于材料的，我们团队的标志是曲线所表现出的流动感，因此我们期望选择流动性特别强的材料。第三是强调在材料基础上的人与车的交流关系，通过交流将材料的特质表现到极致。第四是我们选择的都是层次感特别多的具有动感意象的图片，这在视觉上会产生穿插的层次感。我们认为这种层次感的方式是在未来汽车设计发展趋势中占有重要地位的，也就是说越来越多的车将在造型上体现出穿插的层次感。在后续的设计中我们将会用到这四个元素：用中国的红色来表达我们的激情和传统文化；用动感的材料来表达我们概念的自由性；用强调交流来促进人和汽车之间的融合；将层次感和穿插感的造型语言也体现到课题成果之中。”

“Urban Flow”设计团队第一工作日成果

环节一 ——序言：

“我们团队的设计主题是‘Urban Flow’，而团队的名字则叫做‘UFO’，相信大家可以很容易地记住我们团队的名字。因为‘UFO’表达的就是无法定义的物体，我们所想表达的交通方式，某种程度上来说也是在‘当下’无法定义的。大家看到的标志形态类似于飞碟，但其实我们也有把汽车的形态意味放在里面。我们赋予了标志流动的感觉，请大家期待我们四天之后的奇思妙想。”

“Urban Flow”团队在首日完成的标志与意象板。

环节二——意象语境：

“大家好，我们‘UFO’团队现在为大家讲述50年之后的故事。50年后的我们将是什么样子的？是的，我们将会更加的自由，但与此同时的是随着目前社会和技术的发展趋势，未来人类也将面临很大的束缚，尤其是在交通领域，这种束缚表现为拥挤的街道以及熙攘的人群已经大大地背离了我们对未来美好生活的期望。追求自由的我们是不希望被束缚住的，我们希望我们的生活将会无比的自由，我们希望我们今后的交通将会像流水一样在城市当中奔行、畅通无阻；我们则像海中的鱼儿和驰骋在草原上的骏马一样自由。如果未来当我们处在交通工具内部时，有人问起我们的感受，那答案是这个交通工具一定是要有非常坚韧的骨架，起到对我们起码的保护作用，骨架的特殊点就在于它既是非常安全的，也是具有变化性的。同时，虽然骨架应当是坚韧的，但我们还是希望这样的交通工具能给我们非常柔软和舒适的安全感觉。因此，在

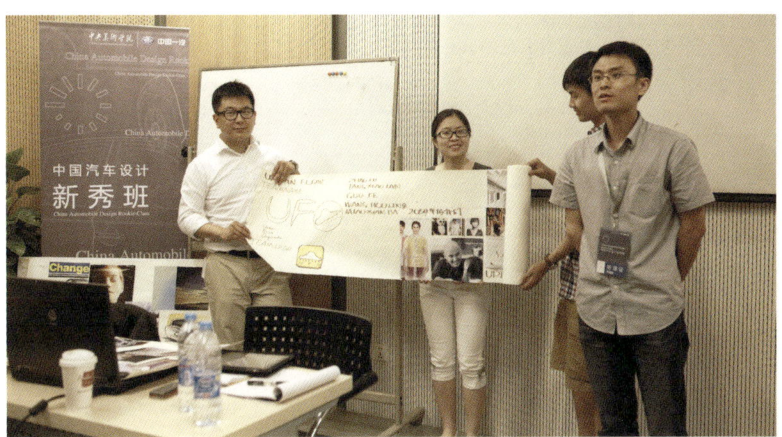


我们的交通工具内饰设计中，我们将会选择比较柔软的材料来体现这种感觉。同时为了削减交通工具给人的机械感，我们将把外观的表现形式也处理得非常柔软。”

**现场：**

Wouter：“我们已经看到这本书的第一页了，大家表现得都非常不错。每个团队的标志都有特定的含义，令我们印象深刻。而且每个团队也都表现出了对于自己未来的设计方案的意象，我们可以在明天继续设计工作，当然各个团队也可以在今天晚上考虑一下自己方案的发展方向。”

## 3. 第二工作日：概念（Day 2, The Concept）

**现场：**

Wouter：“因为我们昨天所展示的内容都是大家的意象表现，或者说是给你的团队带来了启发的、相对抽象的内容，所以今天我们要把这些内容具象地表现出来。当然这只是初步的表现。

**1 Define the Context:**

*is the concept for the city,countryside,sky,underground,sea ?*
*How does it fit to your theme?*

**2 Define the People:**

*How many people will fit in your concept,*
*1,2,3,4,5 or even more ??*

**3 Define the Propulsion**

*What is the powersource of the concept ?*
*Combustion engine, electricity, solar, nuclear, something else ??*

奥迪北京设计团队制定的工作内容图标

为了便于大家工作，我有三个问题留给大家。第一个问题是有关于场景的，即你们团队的设计是适合什么样场景使用的，比如它是适合乡村、都市、天空或者海底的，总之要表现出设计对象具体的使用环境是如何的。第二个问题是，在你的设计概念里面大概有多少使用者出现是比较合适的。特别请大家一定要记住的一点是，因为我们一直强调的是基于交通工具的生活方式研究，所以要设定出你们认为的最合适的用户数量。第三个问题是支撑概念的能源动力是什么？比如是太阳能或者是电力的，当然还会有其他的可能，请根据自己的概念设定去切入主题，寻找合适的驱动能源。注意，所有问题的答案都有一个前提，就是遵循各位昨天所提出的图像意象。”

Wouter：“接下来每个团队会拿到三张A3纸，纸是空白的，但是我设计了基本的格式给大家，上面还有三个小图标来提示大家的工作内容：云代表设计对象的使用环境（Define the Context）；笑脸代表设计对象的用户情况（Define the People）；闪电则代表你的设计所采用的驱动能源（Define the Energy）。大家需要在午餐前用简单的草图完成回答上述的三个问题，具体做法是为每个提供的图标完成一个对应的图标，来解释对该图标所代表设计要素的初步构想。当然答案内容是非常自由的，任

第二天的工作由对首日工作的总结回顾开始，奥迪北京设计团队的设计师们要求学生在前期完成的工作基础上，提出初步的设计概念，完成对于设计方案中环境、人和能源的定义，并以简单草图进行表现。（右页左图）

奥迪北京设计团队的设计师与各自的学生团队共同完成了概念设计的工作，包括一起绘制草图。这对于学生来说是非常重要的学习经历，将对他们未来的工作方法产生重要影响。而“共同工作”也是这次课程设计的重要出发点。（右页右图）

由大家发挥。总之要按照团队的构想画出初级的草图，我们会在十一点半的时候见面，到时候大家会一起来探讨这些方案，并由我为你们进行方案确定。”

“今天下午，各位应该提出最初的草案和关于包装（Package）的构想。每个团队可以拿出3个方案来向所有人汇报，请将3个方案分别完成在我提供给你的3张A3纸上。当然各个团队内部讨论的时候，各位可以随意的画各种图和图标，只要他们可以帮助你和团队完成任务。”

第一小组"Music Inspire"

Music Inspire 设计团队第二工作日成果。

第二小组“ Inside Out”

Inside out 设计团队第二工作日成果。

第三小组“ My Roots”

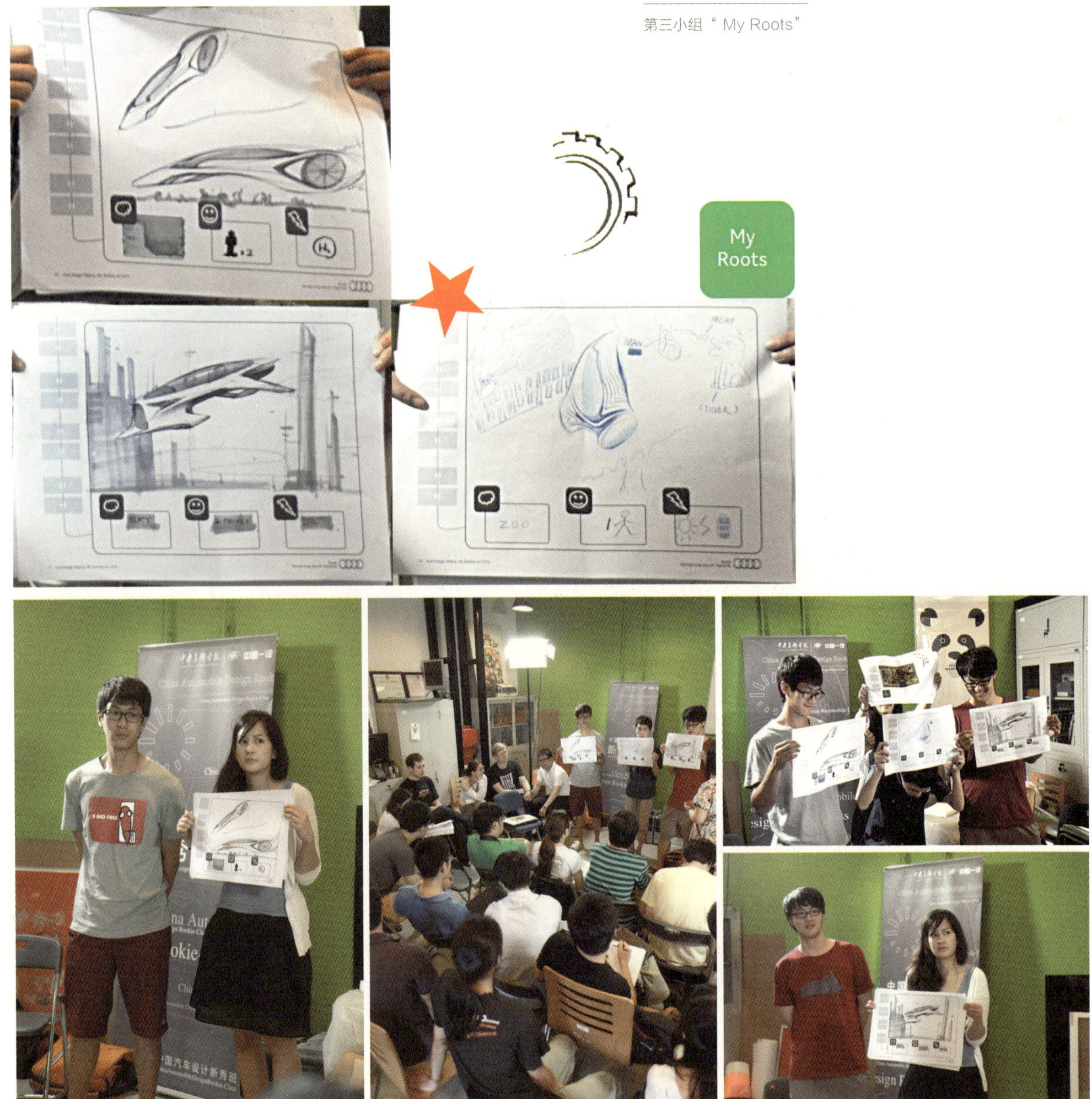


My Roots 设计团队第二工作日成果。

第四小组“Connect Yourself”

Connect Yourself 设计团队第二工作日成果。

第五小组“Urban Flow”

Urban Flow 设计团队第二工作日成果。

**现场：**

Wouter：“我们确实为大家所有的这些创造感到惊奇，非常精彩，谢谢大家。今天早上我和其他几个设计师一起碰头谈论到大家工作的时候，我们想可能这帮孩子要么会应付地拿出几个方案或者作出一些模仿——比如设计一款‘R8’的升级版‘R9’。但出乎意料的是，大家提供的是非常鲜活的概念，也给出了很多惊人的造型，这令我们印象非常深刻。个人认为大家都做得不错，因为跟昨天的主题非常契合，基本上完成了很好的概念设计，同时能够符合各位原来设定的主题，这就为我们接下来的工作奠定了很好的基础。”

聚精会神与掌声不断，第二天的工作取得了圆满的效果。

## 4. 第三工作日：设计（Day 3, The Design）

在第三天工作开始的时候，首先安排的是热身时间，其中一个很有意思的环节叫做“Creativity with Coffee”。在这个环节中，奥迪北京设计团队的成员为所有学生介绍了自己的学习和工作经历，包括他们参与设计的很多项目，甚至包括了他们生活中的很多故事。这拉近了设计师与学生的距离，使他们在共同工作了两天后变得更加熟悉。同时，设计师们也回答了学生提出的很多问题。正如Woulter所说：“因为第三天的工作将是非常辛苦的，需要绘制大量的草图，所以希望大家能在这样的交谈中获得放松和动力。”

**现场：**

**奥迪北京设计团队：**“谢谢大家。我们想大家可能有一些跃跃欲试了，那么现在就是提问时间。各位可以提出任何问题，比如你们以后可能会想要从事汽车设计工作，那么就会有疑问：如何做才能申请到这份工作呢？或者其他类型的问题，所有的问题在今天都可以提出，而且我们保证你会得到答案。”

**学生：**“作为奥迪设计师，平时的工作时间是怎么安排的？”

**奥迪北京设计团队：**“基本上早晨的上班时间是比较弹性的，像Wauter是七点半上班，而Fabian基本上是九点或者九点半才到工作室的，很自由。但我们都会根据到达公司的时间来考虑自己离开工作室的时间，因为德国政府有明文规定，员工每天的工作量不可以超过10个小时，如果要是我们延时工作的话，恐怕我们的老板就会遇到大麻烦了。”

“Creativity with Coffee”环节，奥迪北京设计团队的设计师们为学生进行简短的讲座，介绍自己的工作与生活情况。“京”字是他们的团队标识。

**学生**：“那会把工作带回家完成吗？”

**奥迪北京设计团队**：“绝对不会，因为这涉及保密的问题。事实上大家都有点新官上任三把火的意思，刚工作时大家都很愿意周末加班，但过了一段时间进入平稳期后，就会把生活和工作的时间分得非常清楚。我们认为好的设计师一定要能很好地区分工作和生活。当然，在学生时期恐怕就不应该这样了，肯定是要没日没夜地画图。”

其乐融融，正是设计团队所需要的工作氛围。

**学生**："我想问一下你们平时在工作比较辛苦的时候是怎么去调节的。"

**奥迪北京设计团队**："放松的方式很多。健身、做运动什么的都可以缓解压力，像Fabian就比较喜欢通过游泳来放松。"

**学生**："其实我想知道的是在设计中心的时候是怎么缓解压力的。"

**奥迪北京设计团队**："那可以通过跟同事聊天或者是喝点咖啡来缓解一下。从工作角度来讲，员工会有很平等的机会去为你自己的观点辩护和争取，并且在很多的时候也会和上司非常开诚布公地就设计上的问题以及自己的观点去进行交流和讨论，所以通常因为设计而产生的工作压力不会太大。

我们因为只有短短四天的时间和大家在一起工作，而且我们也不是大学里专门的教师，但我们会竭尽所能地帮助大家学习到更多的东西。刚才阐述的工作关系是因人而异的，如果跟你的老师、上司或者同学展开积极的互动交流，其实是可以解决很多问题的。"

**学生**："我想知道对于草图，你们的设计主管会有硬性的数量要求吗？或者说有什么具体要求呢？"

**奥迪北京设计团队**："通常在我们做方案的时候，不是说草图画得越多就越好。值得注意的是设计师个体差异的存在，有的设计师擅长画草图，所以对他来说是很轻松的事情，但有的设计师对于画草图可能需要大量的精力投入，所以人与人是不一样的，因此在提案时是没有太多对于草图数量要求的。

另外，对于草图的要求其实是分阶段的。设计前期需要进行调查研究和思考，与之对应的是相对简单的小草图，这些图甚至只有你自己能看得懂；在随后的设计过程中，这些小草图被逐步梳理，继续产生新的比较细致的草图，确保能够找出大概的设计方向；到了提案的最后阶段，当方案比较成熟的时候，设计师需要借助草图给他人汇报和讲解方案，这时的草图就相对正规了。而项目工程结尾收工的时候，因为设计师要跟模型师去沟通模型制作的问题，即使很多设计师仍然享受画草图的感觉，但却绝对没有时间再去做这件事情了。"

**学生**：“我想问一个关于工作流程的问题，就是当设计团队接到任务时，肯定会有相应的时间节点来进行方案汇报，而汇报的结果必然不会是所有方案都被选中，那么被淘汰方案的设计师在接下来的项目中承担什么样的角色呢？”

**奥迪北京设计团队**：“这是一个非常庞大的问题，每个设计项目肯定是内饰和外饰部门结合去完成的。比如在内饰设计部，假设一个项目有五个设计师参与，那么可能会有设计师去做座椅、有设计师去设计旋钮，然后五个设计师会定期开会统一设计思想，发展自己团队的方案。至于你说到的关于被淘汰了的方案的设计师，有的时候他们会继续融入到团队里面，但也有的时候被调去做新的项目。”

完成了“Creativity with Coffee”环节的交谈之后，来自奥迪北京设计团队色彩与面料设计部的Sandra为学生进行了内饰材料样板的展示，期望以此让学生建立起对于汽车内饰材料的直观认识，也为即将开始的设计深入提供参考。学生饶有兴趣地围绕材料样板与奥迪设计师们展开了讨论。

随后，五个设计团队依据前两日的工作结果和选定的设计概念，开始了大量的草图绘制。在这个过程中，奥迪北京设计团队的设计师们一方面参与设计，另一方面也以自己的经验把握团队的设计走向，使之符合项目主题、意象语境和设计概念的设定。每个设计团队在第三天的工作中完成了内外饰草图、最终草图和发布文件的制作，并且进行了内部发布。

团队中的学生成员和设计师在设计过程中进行了大量的交流，这些交流是对于职业设计师在项目执行过程中交流方式的模拟，学生从中获取了很多的设计专业知识。这个过程即是汽车设计教学的最好模式。

学生的提案草图。

第三工作日工作现场。

## 5. 第四工作日：最终发布（Day 4, Finals, The End）

第四天，是这次工作坊的最后一日。在这天将举行最终的设计发布，并且将会有奥迪中国的高层管理人员出席。早上的热身时间结束后，各个团队开始制作汇报用的展板，按照奥迪北京设计团队的要求，展板上应当具有标志、意象感受、概念、故事板和草图等内容，通过这些内容可以将团队的设计成果准确发布。在完成制作后，进行了团队内部的预审，奥迪北京设计团队也给出了修改意见，由学生在午间完成修改。此外，奥迪的设计师们也与学生进行了对于整个工作坊感受的交流。

学生团队在完成发布文件的制作，并且为了下午的最终汇报作准备，进行了内部预审。奥迪北京设计团队则给出了修改意见。

**现场：**

Wouter：“我们已经进行了四天的课程了，我们很关注各位在这期间有没有得到自己觉得有用的东西，或者有没有遇到困惑，或者还有其他内容想咨询我们。我们希望大家都能说一说，有没有人愿意来分享一下？当然，首先我们也愿意和大家分享一下我们的感受。”

Lena：“我对大家四天来所表现出的灵感是很激动的。其实每个团队都有自己强势的地方和竞争的优势，而通过每次的发布，团队之间也可以互相汲取经验，推进自己的设计方案。”

Fabian：“短短的四天很快就过去了，但是大家的创新思维是非常活跃的。作为设计师，我算是过来人，因此特别可以理解各位，当你们在四天中把自己很多的提案逐步淘汰掉，将注意力集中到一个方案上时，这对于每个设计师来说都是挑战。但这也是设计工作所必经的一道坎。大家在这个过程中可以提升对于设计的把握能力，这是非常重要的。”

Wouter:“对比我在欧洲做过的类似的工作坊，这四天的经历给我带来的感觉是中国学生的思维是乐观的，而且对未来的发展总是抱有积极的态度，总是会去寻求一些新的办法或材料来解决业已存在的问题。欧洲的学生可能更偏向于关注污染、交通拥堵等现实问题，他们的着眼点是当下的问题。所以中国学生更加乐观，思维也更活跃。这是我在这四天中的感受”。

**学生：**“我觉得在这四天的工作中令我感受最深刻的是奥迪设计师们强调的对于团队个体的尊重，在这种氛围下，大家都可以自由地发挥自己的想象力，提出自己的方案，而不会因为考虑所谓的‘对与错’导致在设计上畏首畏尾。”

Wouter:“是的，做汽车设计师是一种巨大的挑战。因为你需要在很短的时间内拿出方案来，而且只有拿出属于你自己的方案，才能推动整个项目的进展。当然，把时间压缩到四天来完成我们所做的课题，这是更有挑战的事情了。”

**学生：**“我觉得在这四天当中令我印象最深刻的是我没有想到起初我们看起来天马行空、不切实际的想象，居然能在短短的四天内通过团队的努力，最终形成了确定的、非常有型的作品。所以说我认为团队的力量真的是无穷的，绝对是创意的源泉，虽然在项目开始的时候我们这些团队成员之间并不熟悉。我想团队工作的最终成果是重要的，但更重要的是能够激发我们创作的热情。第一天上午大家的配合稍显生疏，但从下午开始我就非常享受我们之间相互影响、相互促进的过程了。”

**学生：**“我发现了很有趣的一件事情。按照传统的理解，在欧洲文化和思想里是特别尊重个人意志的，然而在此基础上却有了非常好的团队协作；而中国人是特别注重人际交往和人际关系的，但是在团队协作方面却往往不尽如人意。通过这四天的经历，我觉得是工作方法造成这种差异的原因。尤其在汽车设计领域，好的团队工作方法一定要尊重设计师的个性，这样才可以得到最大的合力。”

**学生：**“我很喜欢德国，尤其是德国的哲学世界闻名，所以我对德国的文化很感兴趣。也因此，在汽车设计领域我认为德国的设计方法和工作方法是非常科学的。作为设计师我应当向来自德国的同行学习。”

Wouter:“谢谢。是的，和你一样的是，其实在我心目中，一直觉得能够来中国这样一个神奇的国度，每天都可以获得新的知识和经历是非常有趣的。所以我很珍惜在中国工作的机会。比如这次和大家在一起的工作经历，就让我收获很多。正好想问一下，各位有没有觉得我们应该去游历的中国城市呢？推荐一下。”

**学生：**“长春。”（这个回答是由来自一汽的设计师所做的，因为长春是中国的汽车城）

Wouter:“虽然我们来自不同的国度，我们之间存在着语言的障碍，但是各位可以发现，在工作中，当我们的创造和草图呈现出来的时候，即使没有任何的翻译，我们也能够在第一时间就感受到各位所要表达的想法。请大家记住，这就是设计的力量。”

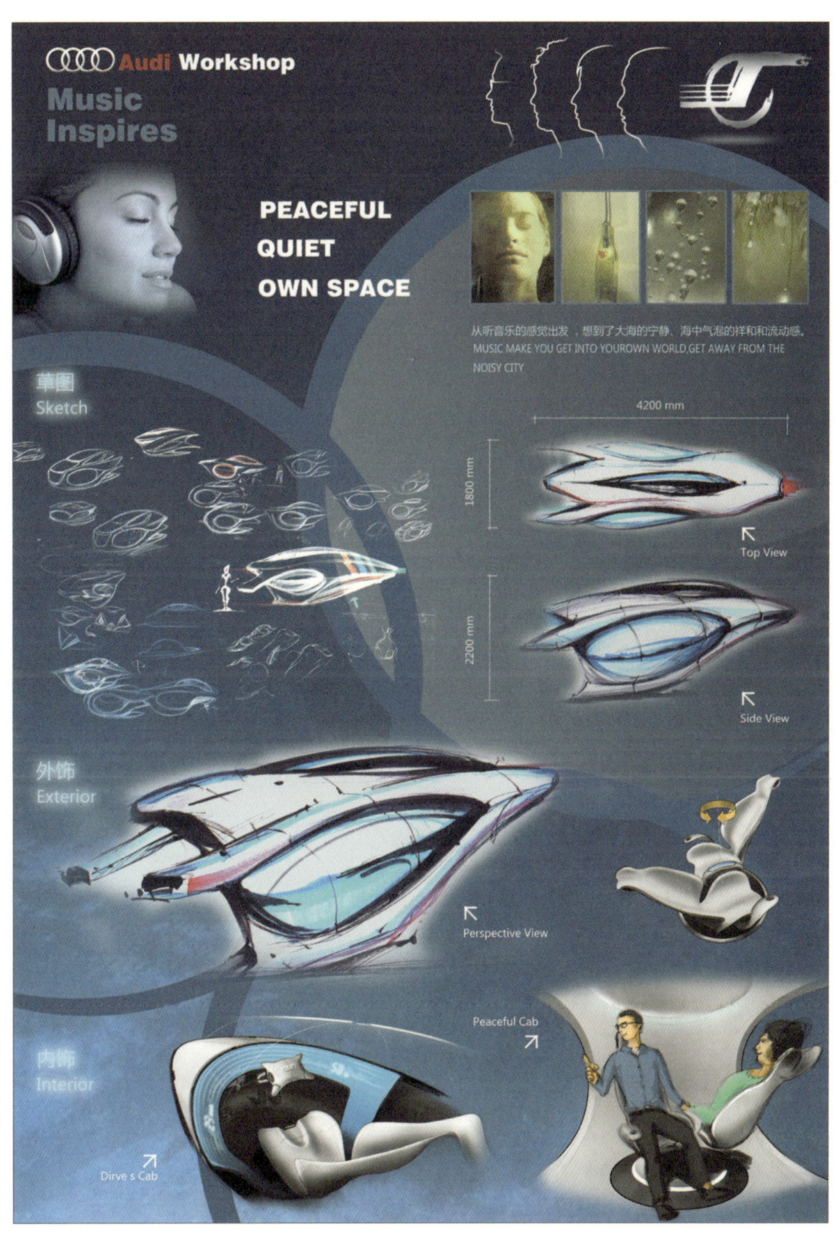


“Music Inspires”设计团队最终展板

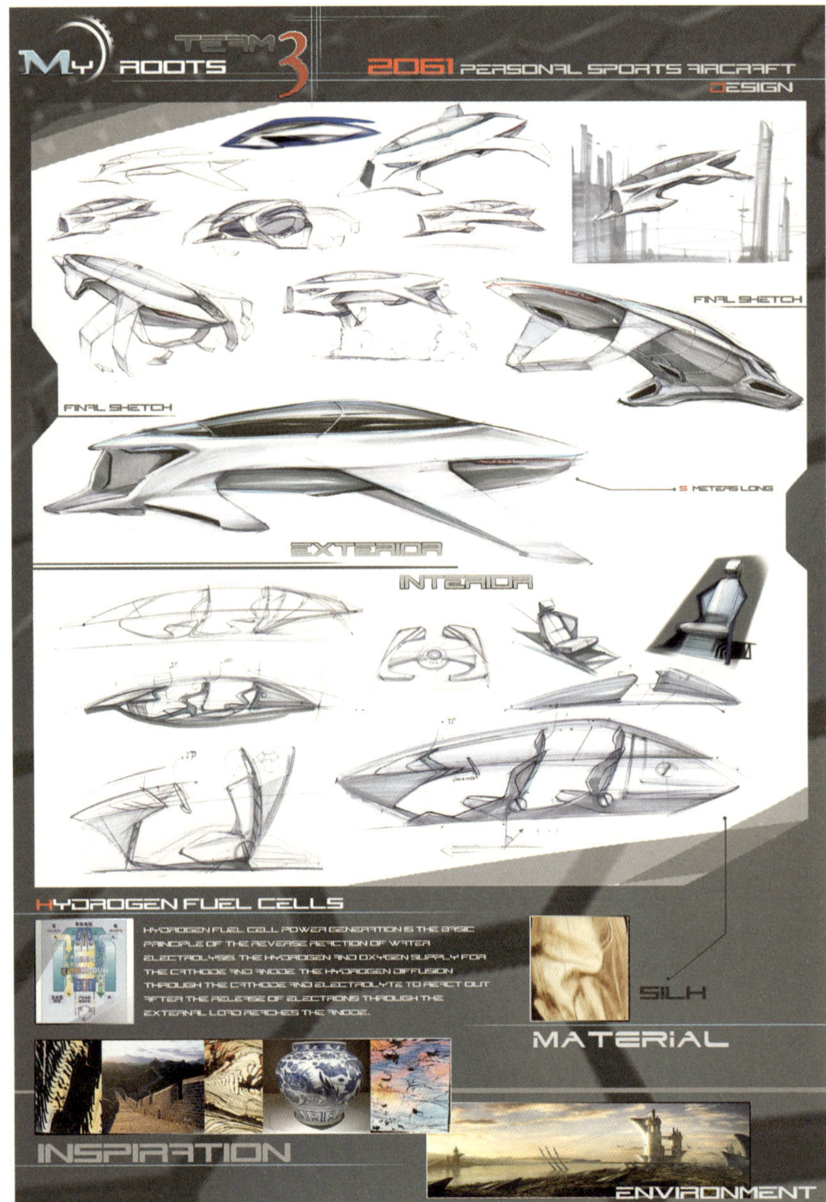


“My Roots”设计团队最终展板

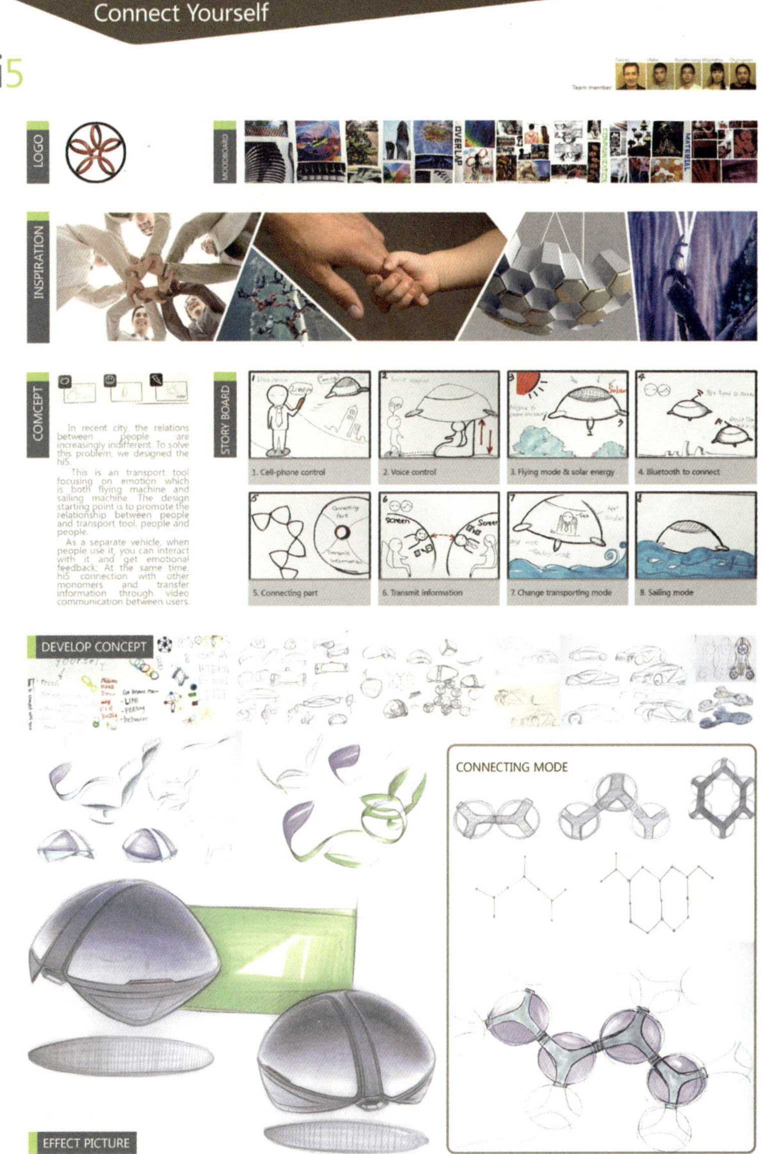


“Conect Yourself”设计团队最终展板

UFO **Urban Flow Organization**

Zhaolu,Guoke,Miaoxianda,Wanghoulin,Tangxiaolan

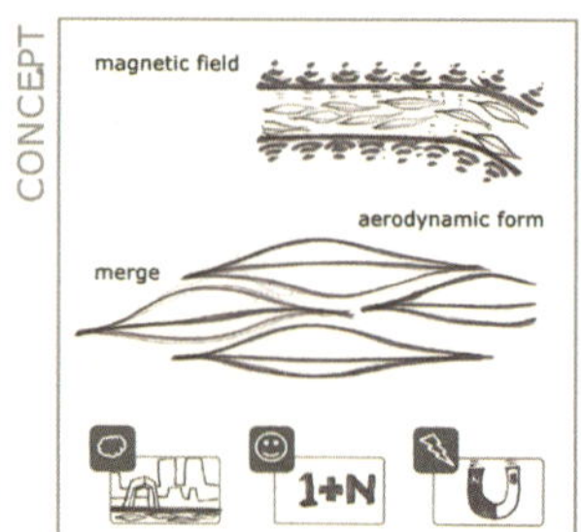


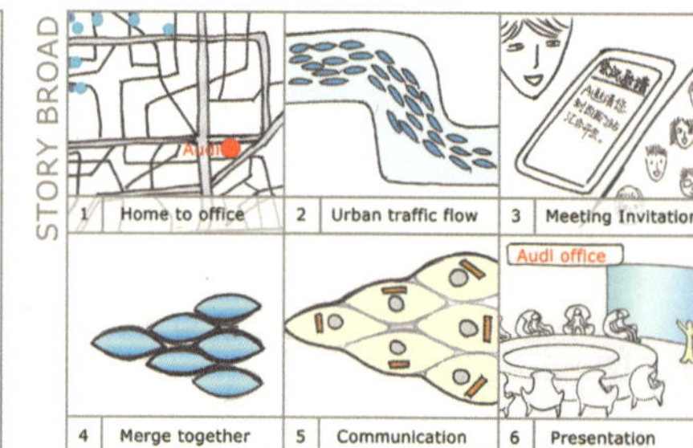


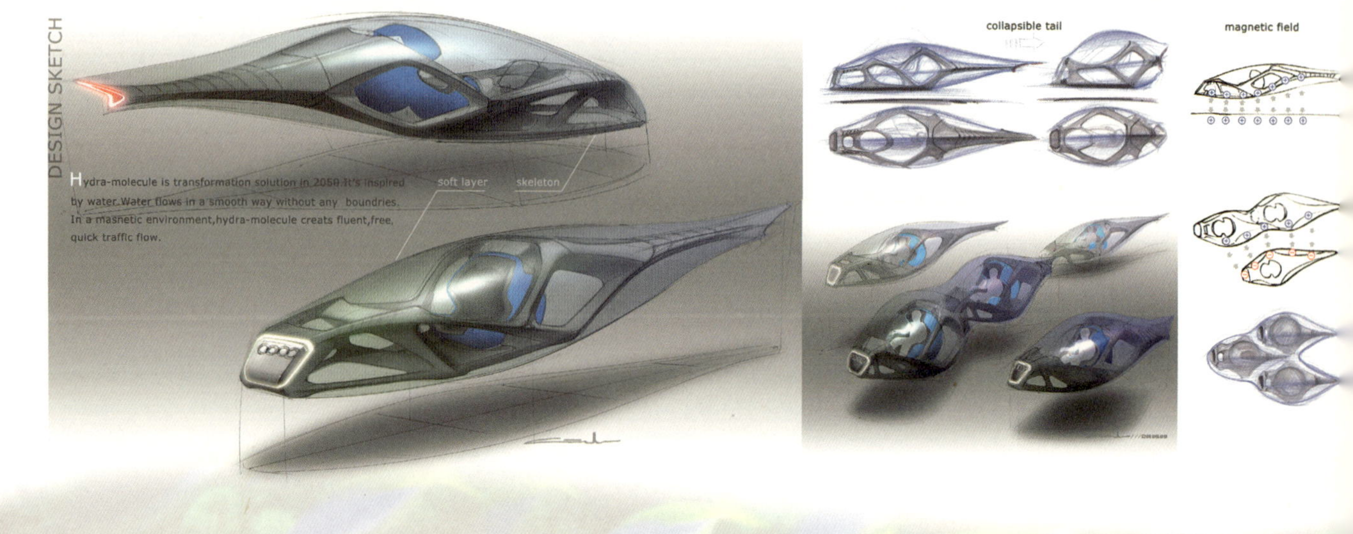

DESIGN SKETCH
Hydra-molecule is transformation solution in 2050.It's inspired by water.Water flows in a smooth way without any boundries. In a masnetic environment,hydra-molecule creats fluent,free, quick traffic flow.
soft layer
skeleton
collapsible tail
magnetic field


"Urban Flow"设计团队最终展板

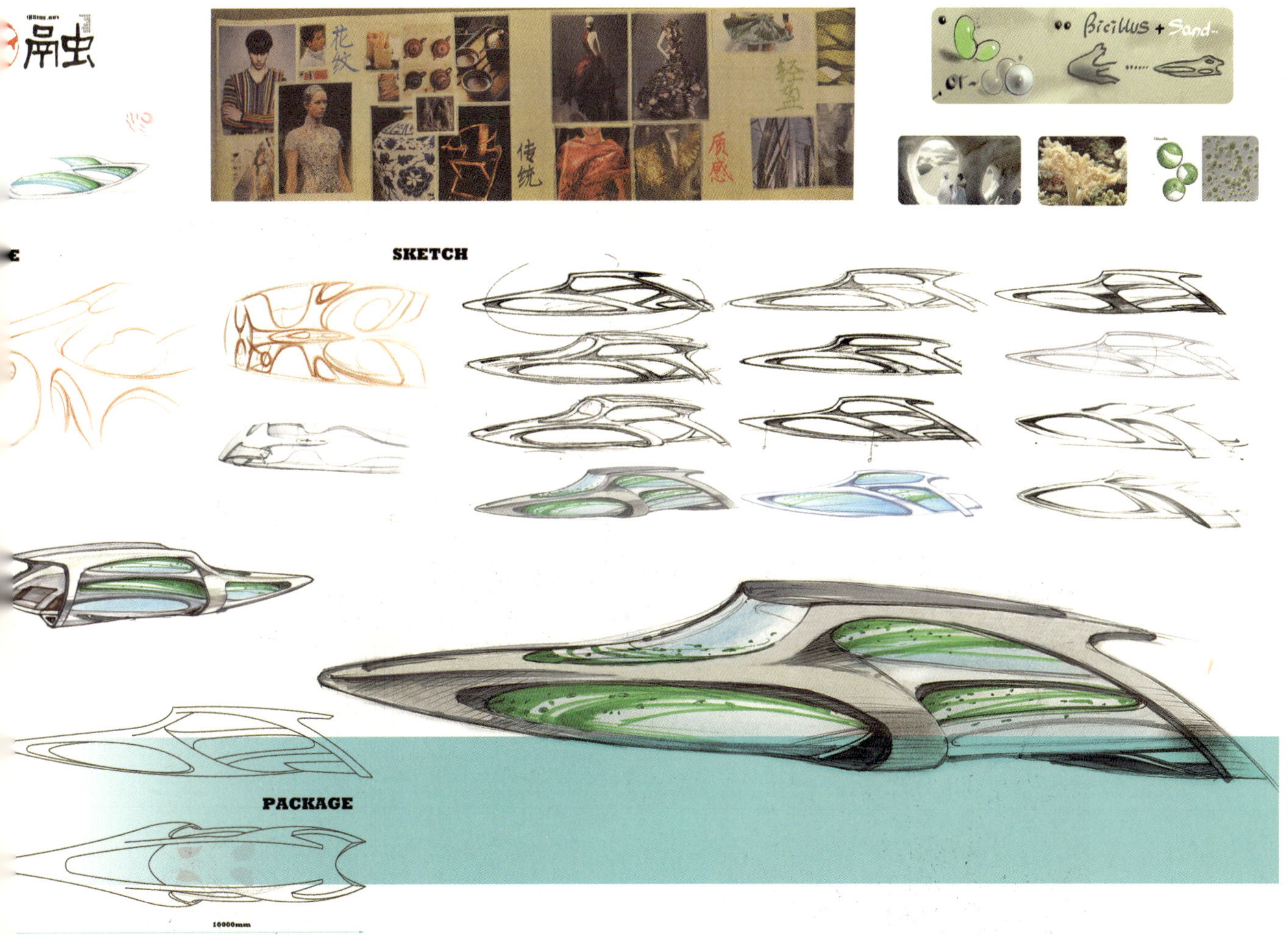


“Inside Out”设计团队最终展板

下午两点整，名为“Board Presentation”的最终方案发布准时开始，奥迪北京设计团队的全体设计师以及奥迪中国的企业战略总监付领格（Lorenz Fuehrlinger）先生和发言人马丁（Martin Keuhl）先生均亲自出席。学生团队按照顺序进行了方案阐述，并解答了现场的问题。对于这个发布过程，奥迪北京设计团队希望能最大限度地接近于真实的设计项目汇报方式。付领格先生和发言人马丁先生对于学生能在短短的四天中完成如此完整的设计表示了赞赏。为了鼓励学生，他们带来了象征荣誉的奥迪绶带，颁发给所有的项目参与学生。五点，德国啤酒畅饮活动准时开始。至此，这次名为“与奥迪一起工作”的工作坊圆满结束。

最终发布现场，学生团队为在场嘉宾介绍方案，并形成了良好的互动。

象征荣誉的奥迪绶带，上面印有奥迪的不同车型编号。这个礼物对于未来的汽车设计师而言是有着极其特殊意义的。

## 6. 课程总结

四天的时间对于模拟一个全流程项目而言无疑是短暂的，奥迪北京设计团队的设计师们和所有学生均表达出了这样的感受。但是碍于客观条件，我们只能在有限度

的时间和空间范围内，完成这样一次短期课程。无论如何，课程应该还是达到了让学生了解和接触奥迪团队的工作流程与方法的目的。至于说学生是否能够完全掌握这些方法和流程，对于如此短期的集训而言，答案自然是不容乐观的。我们设计课程的初衷也不在于此，而是希望通过与奥迪设计师们一起工作，使学生了解一线设计师的工作状态，也就让学生自身准备好未来与企业设计部门的对接，这才是课程主要的目的所在。

奥迪北京设计团队对于中国学生的思维模式和创造力有着强烈的兴趣，学生们在这两个方面的表现完全超出了设计师们的预估。我们一直在寻找什么是中国汽车设计，其实答案就在这次课程中——具备中国式思维的设计师，掌握了规范的、国际化的汽车设计方法后完成的设计作品，就是真正的中国设计。

我们所设计的系列汽车设计教育工作坊课程，在这次与奥迪北京设计团队的合作中画上了句号。但对于中国的汽车设计教育而言，这些教育尝试也许只是刚刚开始而已。

## 7. 并行课程

并行课程教授：中央美术学院博士生导师、研究生处处长许平

许平教授担纲人文课程讲授，开设“体悟美学：由平淡面向深远的拓展”讲座，提升同学们的人文素养。全体中国汽车设计新秀班学员在中央美术学院美术馆进行了艺术调研课程。

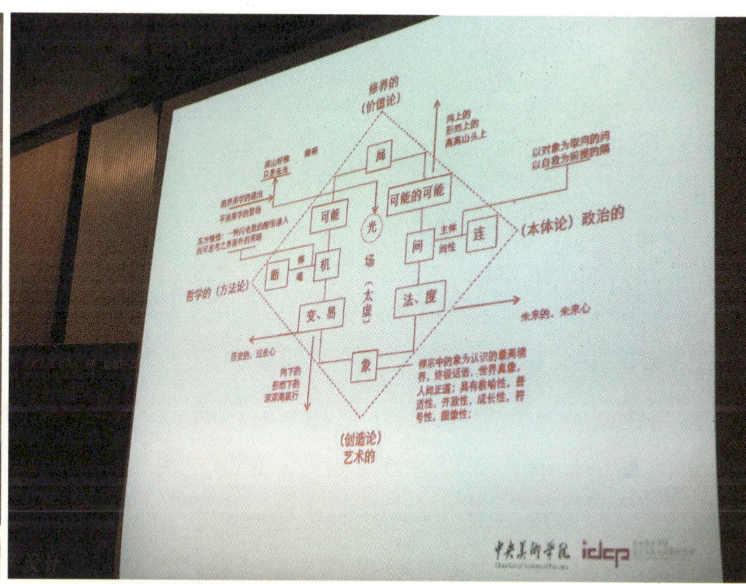

## 8. 工作坊所需材料清单

| | |
|---|---|
| 闹钟 | 所有人共1个 |
| A3画纸 | 100张以上 |
| 黑色或蓝色彩铅 | 12支以上 |
| 纸胶带 | 3卷 |
| 马克笔 | 暖灰（WG）和冷灰（CG）1、3、5、7号；黑色 BLACK；彩色若干 |
| 色粉 | 18 色 |
| 彩色铅笔 | 18 色 |
| 裁纸刀 | 1个 |
| 裁纸垫板 | 1个 |
| PVC板 | 1 张 / 厚度：2mm |
| 化妆棉 | 1盒 |
| U胶/502胶水 | 1个 |
| 三角板，直尺 | 1套 |

## 9. 学生感受

“与五位年轻的奥迪设计师合作，我最大的感触就是他们的活力与严谨。五位设计师分带五个团队，让我们可以更密切地与本组的设计师进行沟通。从中可了解到他们对于汽车设计的认知、判断和见解。这样的沟通会发现作为学生容易忽视的很多问题，以奥迪设计一贯严谨的态度进行探讨，寻找出解决方案并得到结论。而经历过这样的过程就让结论的获得显得更加有意义了。”

新秀班学员　马珂

## 设计课题：“E-QI”概念车设计

“E-QI”项目是新秀班学员参与“设计课题”环节的成果。由来自不同院校（中央美术学院、北京工业大学、北京信息科技大学）学生组成的设计团队，以“比稿”的方式从全部团队作品中脱颖而出，获得了当年参加上海国际车展展出的机会。

“设计课题”环节的设置是希望以长期课题的方式，对短期集训的“导师课程”形成补充。

## 1. 概念与背景

“E-QI”的名称由代表新能源与网络化的字母“E”与代表汽车的拼音字母“QI”组成，其谐音正好是“一汽”，表明是由为一汽进行的概念设计任务。“E-QI”的概念是设定在未来中国城市化进程完成后的大都市内，面向都市青年人群和他们所处的生活、工作环境而进行的全套交通系统解决方案。系统采用电能运行，以汽车和小型个人电动车实现与公交系统的无缝对接。而系统内的充电装置、移动电脑的交互系统、专属换乘站及其运作模式都包含在“E-QI”概念内。

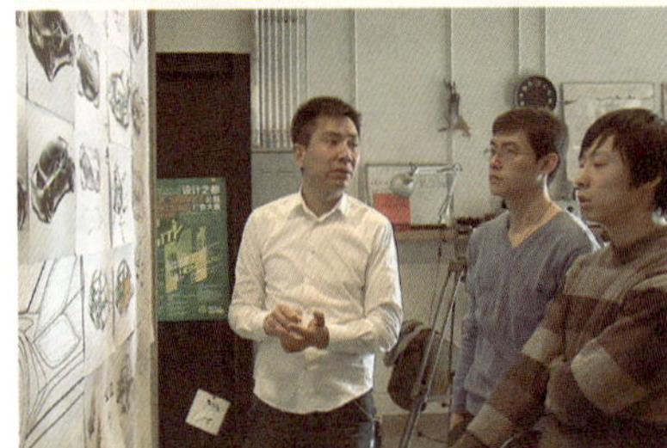

“E-QI”设计团队的工作现场设在中央美术学院设计学院设计研究所内，在王选政的带领下完成了设计任务。“E-QI”设计团队名单：郭柯、马珂、伏传乐、王晶晶、张世一。

## 2. 意象

"E-QI"设计起源于对于阴阳的研究。它来自于中国元素，具有正反两面。既代表对比、反差、碰撞，又代表融合、呼应、交汇，以此来做出最为理想化的设计。同时作为一款探讨未来设计方向的汽车，很多对于最新的材料和科技的应用也成为了它的必须。为了达到这一目的，我们决定采取汽车设计中最为大胆但也最具挑战的方式——非对称设计。

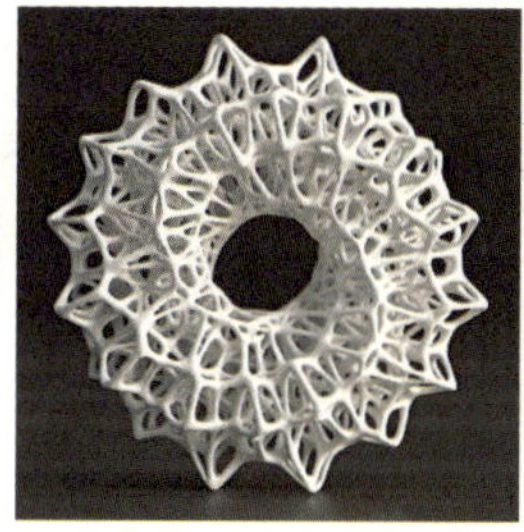

"E-QI"的意象板

## 3. 草案

"E-QI"的设计始于一张草图。传统汽车设计中最为重要的是侧视图，它决定着车子的比例还有形态的好坏与否。如果要让一个人来描绘某款车型，他们几乎都会不约而同地使用侧视来表现，有时候一款经典的车型更是用几条简单的侧线条就能概括。然而，对于"E-QI"来说最为重要的是顶视图，因为唯有通过强调顶视图才能更好地表现"阴阳"这一主题。在大约四周的草图期间，设计师经过推敲找到了最合适的非对称的感觉，并展现在纸面上。

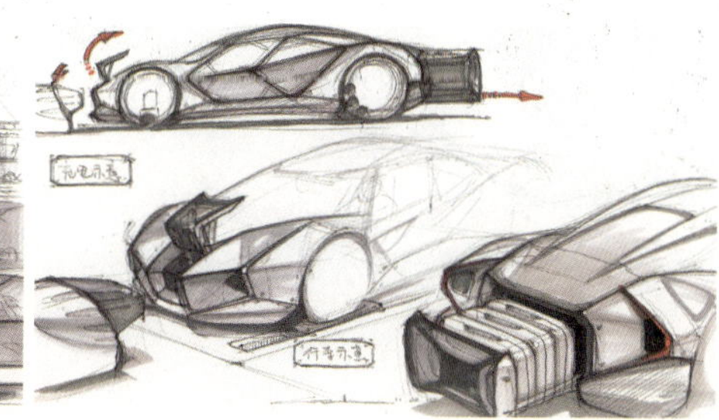

"E-QI"的过程草图

"E-QI"的过程草图

"E-QI"的过程草图

## 4. 设计深化

基于草图的雏形，接下来的一项“要务”就是如何把二维的图像转化为三维的实物，简单来说就是平面向立体的转化。而这一步的应用最为重要的就是三视图的绘制。在“E-QI”三视图绘制的过程中也是顶视图优先，侧视图、前视图和后视图并列的顺序。并且设计师在极力地寻找非对称与对称的平衡感，在保证对于汽车审美的基础上尽量抓住“阴阳”这一主题。

“E-QI”的四视图

2020 ELECTRIC FAW E-QI

**DIMENSIONS**

| | |
|---|---|
| LENGTH | 4800 |
| WIDTH | 1900 |
| HEIGHT | 1400 |
| WHEEL BASE | 3200 |
| Tt TRACK | 1700 |
| Rr TRACK | 1500 |
| Ft OVER HANG | 700 |
| Rr OVER HANG | 800 |
| Ft TYRE | 220/40 R24 |
| Rr TYRE | 220/40 R26 |

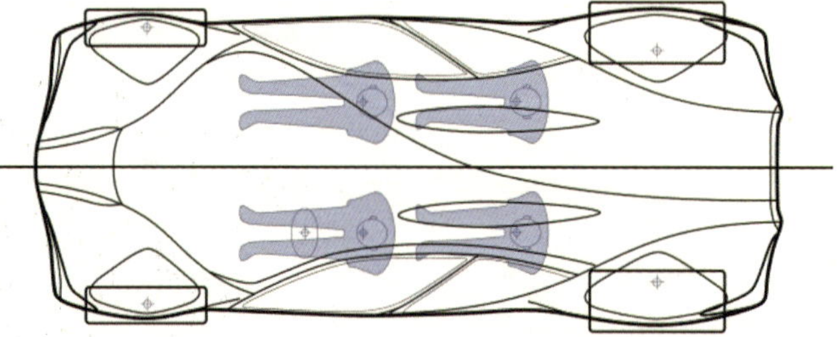

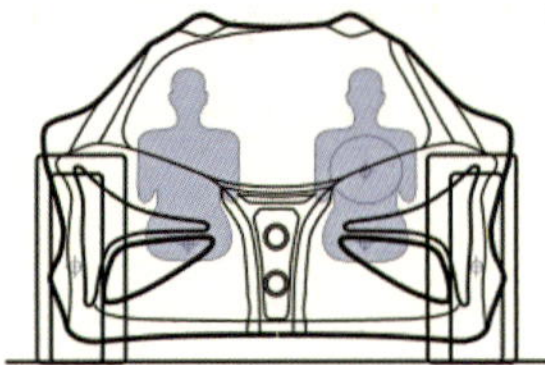

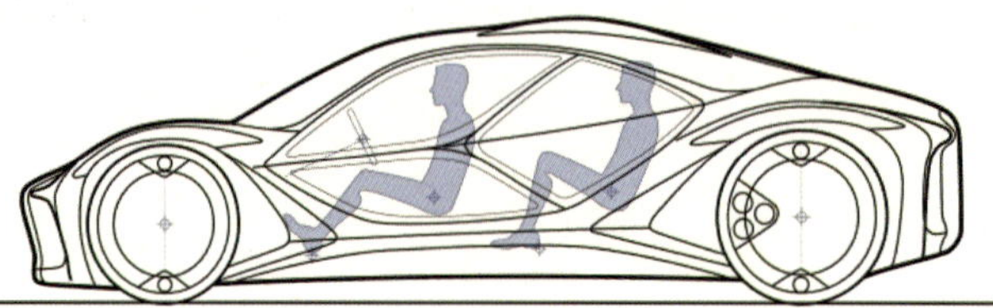

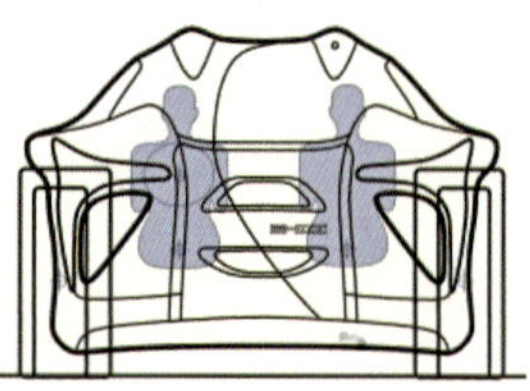

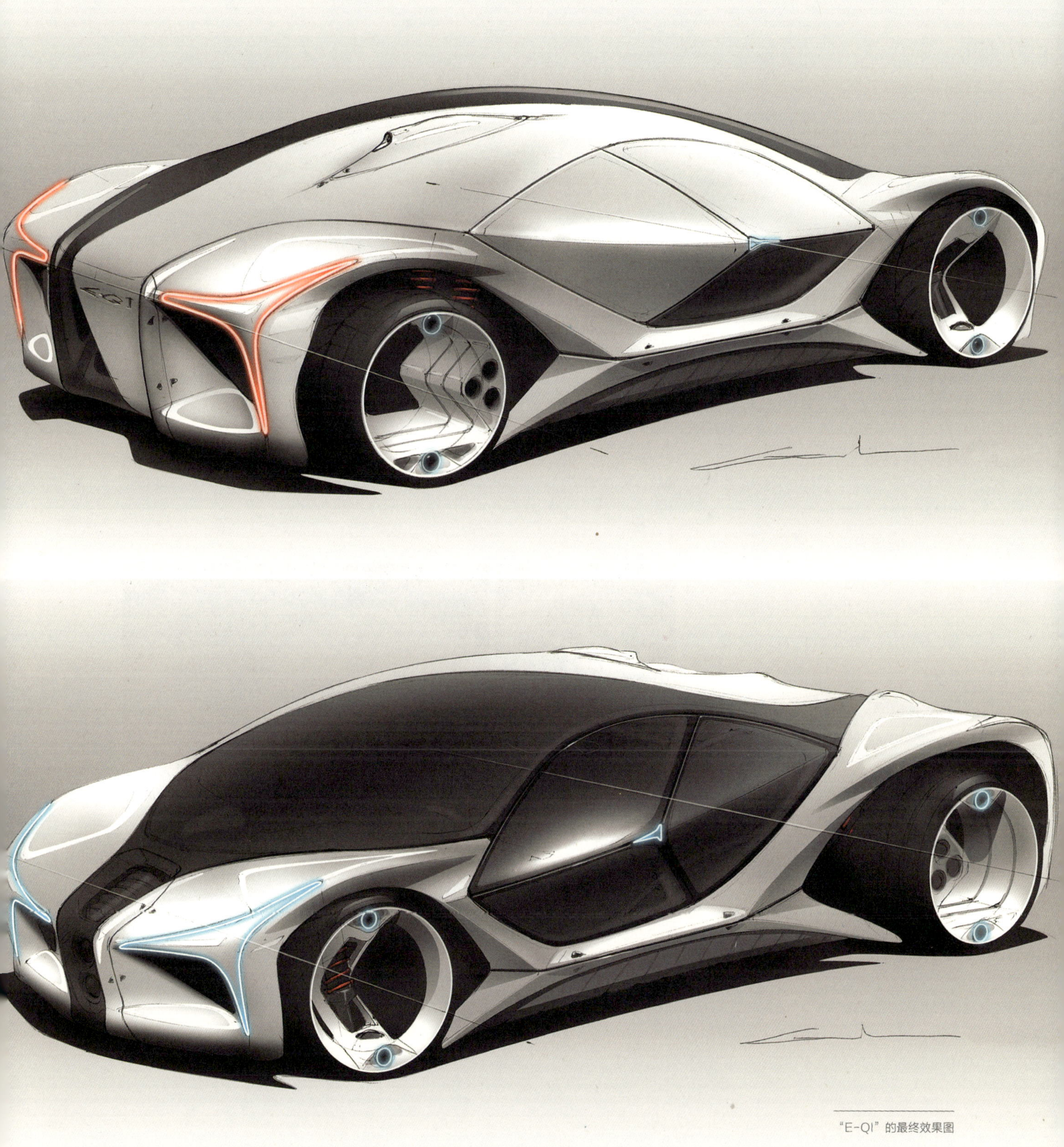

"E-QI" 的最终效果图

## 5. 三维设计

当“E-QI”真正进入了三维建模阶段，项目也就进入了加速过程，所有的方向已经渐渐明朗。在三维模型中能够帮助设计师增进对于整体的把握，并且发现很多草图上面体现不出来的问题。包括整车的形态、线条的流畅度、面与面的穿插方式，还有细节的调整……需要提到的是时间并不充裕，尤其是在短短的四周建模时间内，要得到渲染级别的模型，是一个很大的挑战。这个时候更需要的就是团队合作，分工明确。把模型的制作分为外饰、内饰、细节还有场景的设计四个部分。不同的设计师负责不同的部分，三维模型最终达到了预想中的效果。

渲染并不是设计的关键，但是对于更好地表现设计它必不可少。当完整的“E-QI”三维模型被导入渲染软件之后，设计师可以像在展厅中一样看到更接近真实的效果。渲染提供了更好的临场感以及对于色彩和材质更为精准的把握。经过了一周左右的调整，综合了各方的意见，“E-QI”概念车的设计部分算是告一段落。

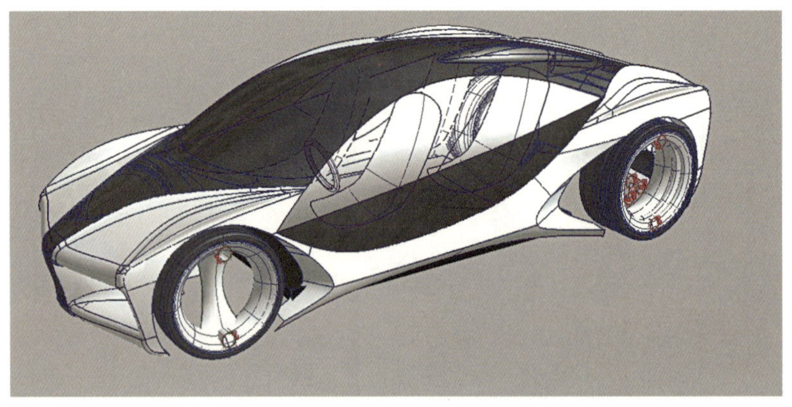

“E-QI”的 CAS 数模设计

“E-QI”的最终渲染图

## 6. 系统

然而，"E-QI"的概念并不只在于车本身，它是基于一整套交通系统的未来交通工具。如何通过一段视频让人们了解"E-QI"的全部，成为了设计师接下来两周的重点。从配套设施例如充电装置、移动电脑的交互系统，到换乘站如何运作，再到小型个人电动车与公交系统的无缝对接，每一项都有体现。设计师同样是将每一项产品的设计和三维建模都进行了分工。脚本和分镜在最初的三天中被敲定，视频制作团队也在恰当的时间介入了进来。因为距离上海车展只有两周多的时间，所以视频被压缩到了两分半钟左右的时间，在保证能够顺利展出的前提下能完整地说明问题。

"E-QI"的交通系统："E-QI"轿车和个人电动车

“E-QI”交通系统模型所展示的是一套基于信息化智能平台的交通系统，由“E-QI”概念车、“E-Charge”能源补充站和“E-Train”轨道交通换乘站三部分组成。它将会在一个全新的虚拟城市交通环境中运行，主要功能是给乘客与他们的个人代步工具提供一个换乘平台，以解决未来城市交通拥堵问题。

这款概念车被命名为“E-QI”。“E”包含“ Electric、Easy、Efficient”等诸多含义，传达出未来十年的概念发展方向。

“E-QI”将东方元素“太极”与西方设计中富有雕塑感的造型手法融为一体。黑与白的对比加上LED光带，营造未来感。

科技方面，“E-QI”前部装有“V-CPU”模块，其记录了该车的所有信息，包括该车的当前状态、使用情况、导航信息、娱乐信息等。能源补充站点为“V-CPU”模块提供了专用接口，用户可为该车进行故障诊断、信息更新等操作。

能源方面，“E-QI”采用纯电动力。“E-Charge”能源补充站点可为“E-QI”提供动力补充以及信息交互。“E-QI”包含两种类型的能源模块，针对这两种类型的能源模块，动力补充方式也分为两种：

（1）紧急充电，为“E-QI”前部能源模块充电，其容量较小，为“E-QI”提供备用能源，设计在五分钟内充电完毕，以备用户紧急需求。

（2）完整充电，为“E-QI”底部能源模块充电，其容量大，为“E-QI”提供主要能源，需长时间充电。当能源补充站的充电地板与“E-QI”轮胎表面接触时，“E-QI”进行充电。

内饰设计方面，为2020年设计的家庭轿车内饰以信息的沟通和参数化的生长形态为主题，使用便捷的网络触摸方式解决人机交互及信息交换。汽车内部的硬件设施为信息的共享提供了更好的平台，操作方式直观简便。触摸界面的广泛使用让人们的操作更加自由，也为功能的无限扩展提供可能。

## 7. 模型

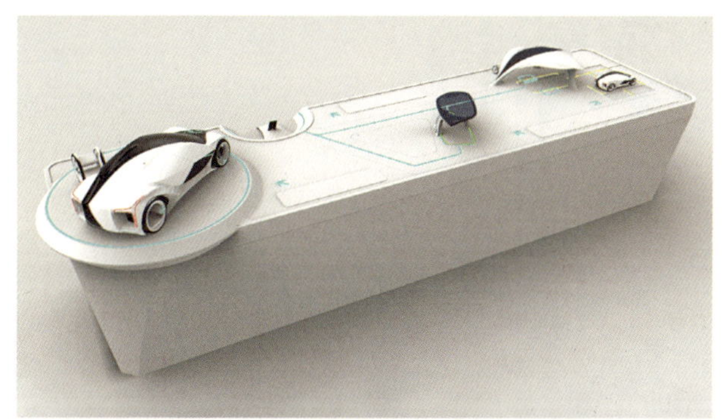

"E-QI"交通系统展示的最终渲染图

"E-QI"模型

WHERE? CHINA!
WHEN? 2020!
technical renovation:
network technology
target population create a purchasing power!
WHO? THE GENERATION AFTER 90S!
微博
WHAT? CAR!
4-5 passenger
A class
electric motor

WHERE? CHINA!
WHEN? 2020!
technical renovation
target population create a purchasing power!
WHO? THE GENERATION AFTER 90S!
微博
WHAT? CAR!
4+3 passenger
A class
electric motor

“设计课题”是新秀班的实践环节，参与的学生可以从一汽集团提供的“乘用车”或“商用车”命题中二选其一来完成。这是一个贯穿新秀班整个学习过程的长期课题，由教务主管王选政老师主持完成。

# 后记

历时近一年，终于完成了《汽车设计教学现场》的写作。期间经历了一次全部资料几乎损失殆尽的尴尬境地，好在通过方方面面的协助得以重新完成了收集整理工作，并最终汇总至此，呈现在诸位的面前。我希望通过这本书来尽量原汁原味地向读者呈现四个工作坊的教学现场状况，但由于资料采集、语言翻译以及作者个人能力的原因，偏差在所难免，在此也恳请各位授课教授和读者能够给予宽容，毕竟类似的汽车设计教学活动在国内尚无可以借鉴的经验，我们是在摸索中完成了这次教学尝试。唯愿《汽车设计教学现场》所记录的教学内容、教学组织方式以及关于汽车设计教学的思考，能够为国内相关专业的师生和从业人员带来点滴参考，仅此足以。

在此，我照例还是要送出致谢名单：

感谢中央美术学院设计学院对于中国汽车设计新秀班的支持。对潘公凯院长给予新秀班的关注致以衷心的谢意；特别感谢设计学院王敏院长，没有他的支持也就无法促成此次教学项目的举办；感谢设计学院宋协伟、王川和金日龙三位副院长的支持，难以忘记各位在炎炎夏日出席新秀班结业典礼的场面；感谢设计学院马刚教授和王子源教授提供的教学空间援助；感谢设计学院设计研究所所长张所家教授提供的支持；感谢设计学院办公室任英顺主任和杨宁老师的热心帮助。

感谢所有为中国汽车设计新秀班授课的教师：Richard Pietruska教授、Olivier Boulay教授、Chris Bangle先生、Wouter Kets先生、Fabian Weinert先生、Sandra Hartmann女士、Lena Knab女士、赵鲁先生、阿城先生、许平教授、海军博士、陈群一先生、贾伟先生、单德伟先生、吴永平教授（按授课时间顺序排列），是各位的卓绝付出才使得每个精彩的、独立的教学工作坊得以完成；感谢翻译王珊珊女士的努力工作。

《汽车设计教学现场》还需要特别感谢北京新势整合传播机构（NTI），是他们促成了此项活动的产学合作平台，并提供了专业的运营支持。北京新势整合传播机构的徐保元先生、闫明先生、翁云鹏先生、罗先国先生等均给予活动莫大的关注和协助，而高伟、李岩、丁海珊等则付出更多心力用于运营，在此一并表示衷心感谢！

感谢栾寅征先生对本书编写的支持，他热心提供了关于邦格先生工作坊的一部分文字资料。

感谢我的学生伏传乐、郭柯、马珂和王晶晶对于新秀班部分日常工作、教学任务执行和本书编写的支持，能够看到他们的成长即是对我工作的最好肯定。

感谢奥迪汽车公司和梅赛德斯—奔驰汽车公司对于工作坊教学的大力协助，作为国际著名的汽车品牌，他们给予了中国汽车设计教育最热情和慷慨的支持。

感谢简式国际汽车设计（北京）有限公司及陈言平总裁对于本书编写的支持。

感谢I.A.T阿尔特（中国）汽车技术有限公司、LKK洛可可设计集团和北京长城华冠汽车科技有限公司对中国汽车设计新秀班教学的大力协助。

《汽车设计教学现场》即将付梓之际，请允许我对中国建筑工业出版社的编辑陈皓先生致以敬意，感谢你对于本书编写的鼓励和支持。

最后，需要对中国汽车设计新秀班重要的企业支持——中国一汽表示诚挚的谢意！这是一个良好的产学研结合的范例，中国一汽呈现了汽车自主品牌领先产业的历史使命与社会责任，也更期待后续有更多合作机缘。

期望这本《汽车设计教学现场》能够为中国的汽车设计教学带来些许参考，也期望类似的项目会越来越多地出现在国内的汽车设计教学活动之中。

王选政

2013年9月于德国弗茨海姆